오늘부터
1인기업

1인 기업
도구마스터
'책 먹는 여자'와 시작하는
오늘부터 1인 기업

초판 1쇄 발행   2021년 6월 15일
초판 2쇄 발행   2021년 6월 24일

지은이   최서연
펴낸이   김상철
발행처   스타북스
등록번호   제300-2006-00104호
주소   서울시 종로구 종로 19 르메이에르종로타운 B동 920호
전화   02) 735-1312
팩스   02) 735-5501
이메일   starbooks22@naver.com
ISBN   979-11-5795-589-3 03320

1인 기업 도구마스터 '책 먹는 여자'와 시작하는

오늘부터
1인기업

**어떻게 하면
회사 다니면서
부수입을
만들까?**

최서연

지음

스타북스

추천의 글

3년 전 뜨거운 여름, 상담으로 찾아온 최서연 사장을 처음 만났을 때가 기억납니다. 간호사 출신의 보험 컨설턴트이자 작가이자 바인더 코치 그리고 강의를 하며 바쁜 나날을 보내면서도 자신의 비전을 위한 현실적인 노력을 눈물겹게 하고 있었습니다. 성공한 1인 기업가에게 가장 중요한 것은 "정체성"입니다. 최서연작가는 1인기업CEO 76기, 프로CEO 5기를 함께 하며 고민하던 자신의 정체성을 찾고 "1인기업 도구 전문가"로 브랜딩하여 본격적인 1인 기업이 되었습니다. 본인이 얻은 정체성의 경험과 성과의 기술을 1인 기업 분들께 전수하고자 시작한 사업이 성과를 만들고 성장을 하게 된 것은 결코 우연이 아님을 이 책이 증명합니다. 지금까지 해온 것 이상으로 원칙을 지키며 고객을 변화시키는 탁월한 1인 기업가가 될 것 입니다. 최서연을 만난다는 것은 성공한 1인 기업가로의 로드맵에서 길을 찾았다는 뜻입니다.

스타트경영캠퍼스 **김형환** 교수

1인 기업의 성공 사례를 드물지 않게 접한다. 관심 가지는 사람도 많아졌고, 기회와 플랫폼도 유례없이 다양하다.

시작은 늘 막막하다. 어디서부터 어떻게 출발해야 자신만의 콘텐츠로 고객을 사로잡을 수 있을까. 지속적으로 성장할 수 있는 전략과 목표는 어떻게 세워야 하는 것일까.

간호사, 보험 영업, 작가, 강사를 거쳐 『더빅리치 컴퍼니』라는 1인 기업을 창립하고 성공적으로 자리매김한 저자의 경험이 책으로 나왔다. 시작이 막막한 이들에게 귀한 바이블이 될 거라는 기대 가득하다.

만약 내게 결정권이 주어졌다면, 〈1인 기업 시작과 운영에 관한 모든 것〉이라는 부제를 고집했을 터다. 그만큼 저자의 노하우와 깨알 같은 조언이 풍성하다. 한 번 읽고 끝나는 '책'이 아니라, 곁에 두고 수시로 들춰 보는 '참고서'로 손색없다.

"모든 경험은 소중한 것이기에, 오늘도 미래의 나에게 경험이 된다는 마음으로"_〈들어가는 글〉 중에서 타인의 땀과 노력을 간접 경험할 수 있는 최고의 방법은 독서다. 이 책을 읽는 사람들은 저자의 시행착오를 '앉아서' 얻어갈 수 있으며, 그녀의 성취와 무기를 동시에 장착할 기회를 얻는다.

무한 경쟁의 시대. 포스트 코로나 시대. 비대면 온라인 소통의 시대. 혼란과 역경의 시대. 지금을 일컫는 수많은 수식어들 사이에서 어디로 가야 할지 방향을 잃은 많은 이들에게 어깨를 토닥이는 위로와 동시에 터보엔진 같은 강력한 동기를 함께 전해준다.

이 책을 읽는 모든 독자가 자신의 경험과 지식으로 타인을 돕고 더불어 성장하는 실력 있는 1인 기업가가 되길 온 마음으로 응원한다.

자이언트 북 컨설팅 **이은대** 대표

디지털 트랜스포메이션(Digital Transformation)은 "세상의 모든 것을 디지털화 한다"의 의미로, 4차 산업혁명의 가장 중요한 본질이다. 다양한 분야의 크고 작은 새로운 기술들이 창의적인 아이디어로 융복합되어 혁신적인 가치를 이끌어 내는 4차 산업혁명의 영향력은, 한 개의 특정 기술로 시작되었던 이전의 산업혁명과는 비교할 수 없을 정도로 광범위하며 빠르고 강력하게 기존의 가치체계를 바꾸어 왔다. 자동차 제조를 전혀 하지 않는 우버와 인터넷 포탈로 시작한 네이버의 시가총액이 현대자동차와 LG전자보다 훨씬 더 커지리라고 누가 상상할 수 있었을까. 전문가들은 이러한 새로운 패턴의 산업혁명이 2004년 즈음에 시작한 것으로 정의하고 있지만, 많은 일반인들은 17년이 지난 지금도 4차 산업혁명의 존재와 실체를 정확히 인지하지 못하고 있다.

어느 미래학자의 예측대로 2050년 한국의 근로자 50%가 프리랜서로 일하게 된다면, 우리는 지금부터 무엇을 준비하여야 할까. 답은 간단하다. 자기 경영과 디지털 프로젝트 역량이다. 평생 직장도 직업도 없어진 시대에, 그 무엇보다 중요한 것은 자신의 삶에 대한 명확한 비전과 미션을 정의할 수 있어야 한다. 매사에 목표와 일정을 세우고 디지털 정보와 도구를 활용하여 생각하고 소통하고 관리하고 학습하는 프로젝트 역량을 키우는 것이다.

소망 속에서 꿈이 자라나고, 꿈은 비전으로 구체화되어 다시 미션을 낳고, 미션을 달성하기 위해 열정과 사명의식으로 무장하여 많은 프로젝트를 통해 성과를 만들어 행복과 성공에 도달하는 삶의 과정은 시대를 초월한 진리이다. 최서연 작가는 지금까지 자신의 삶을 통해 생각하고 소통하고 관리하고 학습했던 다양한 경험을 디지털 시대에 맞추어 소개하고 있다. 이는 곧 디지털 트랜스포메이션의 시대를 자기주도적으로 살아가고자 하는 많은 사람에게 귀감이 될 중요한 메시지가 될 것이라고 확신한다.

㈜심테크시스템 **정영교** 대표이사

책 먹는 여자 최서연 저자는 2017년 8월 씽크와이즈 강의를 통해 처음 알게 되었다. 씽크와이즈 강의를 수강하기 위해 새 노트북을 사서 참석할 정도로 열정적인 사람이었다. 간호사 출신의 보험 설계사로 이미

《행복을 퍼주는 여자》 책도 출간했다. 책, 배움, 여행을 좋아하는 사람이다. 독서모임을 통해서 사람들에게 자신이 알고 있는 지식과 경험을 아낌없이 나눠주는 모습을 지켜봤다. 사람들을 만날 때마다 인터뷰를 하고, 자신의 노하우들을 유튜브에 지속해서 올리더니, 현재는 1만 명이 넘는 구독자를 보유하고 있다. 내가 알고 있는 사람 중 가장 지속하는 사람이다. 한번 시작하면 절대 멈추지 않는다. 지속하면 반드시 성과가 난다는 것을 배웠다.

나 또한 도움을 받았다. 첫 책을 쓰지 못하고 망설이고 있을 때, 책쓰기의 중요성을 알려주었고, 돈을 모으지 못했을 때 재정 교육을 해준 사람이다. 자신의 일과 삶을 사랑하고, 타인을 도우며 일과 삶의 균형을 맞추며 행복한 삶을 살아가는 사람이다.

최서연 저자는 1인 기업 도구 마스터이다. 자신이 배운 도구(독서법, 씽크와이즈, 바인더, 블로그, 유튜브)등을 통해서 끊임없이 타인의 성장을 돕는 사람이다. 말 그대로 배워서 남주는 사람이다. 원하는 시간과 장소에서 자유롭게 일하면서도 수익을 창출하고 싶은 1인 기업가들에게 필요한 도구들을 이 책을 통해서 모두 배울 수 있다. 무자본으로 창업을 하고 싶은 사람들, 특히 현재 자신이 알고 있는 지식과 경험을 통해서 수익을 내고 싶은 사람들에게 추천하고 싶은 책이다. 1인 기업을 꿈꾸고 있다면 이 책이 당신의 지식창업의 지름길이 되어줄 것이다.

《고교중퇴 배달부 연봉1억 메신저 되다》 저자 **박현근** 코치

2016년 보험 문의가 필요하여 네이버를 검색하다가 우연히 저자의 블로그를 발견했다. 수많은 보험설계사와는 왠지 모르게 친절하고 사람 냄새가 나는 느낌이 들어 댓글을 달았다. 친절하게 답글까지 달아주는 저자의 모습에 믿음이 생겨 저자를 처음으로 오프라인에서 만났다. 당시 나는 첫 책《모멘텀》을 출간한 초보 작가였다.

책을 좋아하고 배우는 것을 즐긴다는 저자의 말에 첫 책을 사인하여 선물했다. 작가를 실제로 처음 만났다며 신기해하고 즐거워하는 모습에 아직도 눈에 선하다. 작가가 되고 싶다는 그녀의 이야기에 글쓰기 사부

이은대 작가님을 소개했다.

그렇게 시작하여 저자는 미친 듯이 글을 쓰고 새로운 것을 배우면서 몇 년 동안 자신을 성장시켜 나갔다. 배움을 자신의 인생에 적용하고 타인에게 나눠주면서 선한 영향력을 나눠주고 있다. 5년 전 평범했던 저자는 지금은 많은 사람들이 닮고 싶어 하는 롤모델이 되었다. 옆에서 그 과정을 지켜본 나도 감탄했다.

4차 산업혁명 시대에는 꼭 직장이 아니라 자신이 가진 지식과 경험을 나누면서 시간에 구애받지 않고 수익을 내는 디지털 노마드로 살아갈 수 있다. 이미 그 길을 실제로 개척하여 가고 있는 저자의 노하우가 모두 담긴 책이다. 1인 기업을 꿈꾸고 있는 모든 사람들에게 바이블이 될 책이다.

《지금 힘든 당신, 책을 만나자!》 **황상열** 작가

들어가는 글

당신은 이미 당신이 원하는 그 곳에 가 있습니다. 책 먹는 여자와 함께 1인 기업의 세계로 오신 것을 환영해요.

네이버에 '1인 기업'이라고 검색하면 '1인 창조기업'이라고 연관 검색이 되는데요. 간단히 정리하면 이렇습니다.

> **1인 창조기업**
> 개인이 독립적 영리를 목적으로 창업하여 이익을 창출하는 경우
>
> 네이버 지식백과사전

개인, 독립, 영리, 창업이라는 키워드가 눈에 띄죠? 1인 기업을 하려면 회사를 당장 그만두고 창업을 해야 하는 걸까요? '책 먹는 여

자'가 정의하는 1인 기업은 이렇습니다.

"주체적으로 시간을 관리하고, 지식 자본을 바탕으로 소득을 창
출해내는 사업"

창업이라는 말이 **빠졌죠**? 네. 맞아요. 직장인도 1인 기업 가능합
니다. 당장 회사를 그만두고 싶다면 내일부터 이렇게 해보세요. 당신
의 고객은 동료, 상사, 후배입니다. 직장동료가 싫다고 회사를 그만
두는 것은 하나도 도움이 안돼요. 사람 문제는 어디나 있으니까요.
회사에서 해결하지 못한 문제는 퇴사한다고 해도 달라질 게 없습니
다. 회사생활을 하면서 1인 기업가 마인드를 키우는건 어떨까요? 그
들의 불평은 미래 고객의 소리입니다. 지금부터 문제해결 방법을 익
혀보세요. 회사가 훌륭한 창업 스쿨이 되는 거죠.

'회사 다니는 사람은 일하면서 배우기라도 하지. 나는 전업주부라
고!'

관점을 달리해야 합니다. 질문을 바꿔보세요.

'아이도 키우고 가정일도 하면서, 내가 시작할 수 있는 일은 뭘
까?'

현재 1인 기업을 하는 모든 사람은 아이가 없는 여성들인가요? 그
렇지 않습니다. 아이를 키우고, 가정일도 하면서 1인 기업을 당당하
게 이끌어가고 있는 사람도 많습니다. 그들에게 배우세요. 이미 1인

기업으로 성장한 여성대표의 책을 찾아 읽고, 내가 그녀라면 어떻게 했을까 생각도 해보고요. 이메일을 보내서 궁금한 것도 물어보고, 인터뷰도 요청하세요. 그들이 이미 간 길입니다. 우리도 그 길을 갈 수 있습니다. 모르는 길을 갈 때는 첫째, 지도를 보거나 둘째, 그 길을 먼저 가 본 사람한테 물어보면 되요.

책 먹는 여자의 1인 기업 멘토는 《타이탄의 도구들》 저자 팀 페리스예요. 그의 책을 읽으면서 제 것을 찾아냈어요. 메모, 일기, 시간 관리, 타이탄 인터뷰, 팟빵 등 모든 것은 거기서 시작됐어요. 이 책이 당신에게도 멘토같은 책이 되길 바래요.

지금부터 책 먹는 여자가 어떻게 1인 기업을 시작하게 됐는지 정리해보려고 해요. 제 이야기이자 당신의 삶일 수도 있습니다. 서로 공감하고 위로하다 보면 같은 길에서 만날거예요.

1999년, 전남대학교 간호학과에 입학했습니다. 초등학교 4학년 때 큰언니가 결혼을 했어요. 그날 밤 아빠가 뇌출혈로 쓰러지고 며칠 뒤 돌아가셨어요. 딸 다섯 중 막내인 저는 언니들이 모두 결혼한 뒤 엄마와 둘이 돈에 쫓기며 살아야 했습니다. 그래서 빨리 돈을 벌고 싶었죠. 국립이라는 장점, 성적도 딱 그만큼이라 간호학과를 선택했어요.

2003년 봄, 졸업 후 몇 달 뒤 간호사가 되었습니다. 전남대학교병

원 응급중환자실로 발령이 났어요. 입사 후 6개월 동안 과민성대장증후군에 시달려 병원 간판만 봐도 배가 아팠어요. 인수인계 할 때마다 눈물을 한바가지 쏟고 혼이 나야 끝나는 교대근무의 연속이었어요. 그거 아세요? 인간은 적응을 잘합니다. 과민성대장증후군이 사라질 때 쯤, 중환자실도 다닐 만하다 싶었거든요. 그랬더니 또 신경과로 발령이 났어요. 이어서 정형외과까지... 동기들 중에 부서 이동을 가장 많이 했지요. 속상해서 그만두고 싶었지만, 지나고 보니 남들보다 많은 경험을 할 수 있었다는 사실에 감사해요.

2007년 병원을 그만두고 서울로 올라왔어요. 병원일이 힘들어서 그랬던 건 아니에요. 뭔가 다른 일을 해보고 싶었어요. 직장을 구한 것도 아니었는데요. 역삼동에 침대와 책상만 들어가는 원룸으로 독립을 했어요. 좁은 방에 쭈그려 앉아서 이력서를 쓰기 시작했어요. 개인이 운영하는 법의학연구소에서 의료실장으로 일하게 됐죠. 사망사건 의료기록 분석, 부검 보조 업무를 했어요. 서울살이가 낯설어 물갈이도 심하게 했어요. 얼굴 전체에 딱딱한 종기 같은 여드름이 생겼어요. 150만 원 급여로 월세, 생활비는 감당이 안 됐어요. 생필품 사는 돈이 아까워서 주말에는 광주로 가서 엄마 집에 있는 치약, 쌀, 된장, 김치를 쓸어 왔어요. 그러다보니 차비도 아깝더라구요. 아르바이트를 시작했어요. 간호사 면허증 덕분에 주말에는 백화점이나 호텔 의무실에서 근무했어요. 일당 오 만 원을 받아서 주말 밤 퇴근할 때는 눈물이 났어요. 순대볶음가게 앞에서 사먹을까 말까 지갑만 만지작거리다가 빈손으로 돌아오는 날도 많았답니다. 그때 체험단이라는 것을 알고 블로그를 개설해서 상품을 받아 사진을 찍어 올리기 시작했어요. 물건 공짜로 받는다고 얼마나 좋아했던지 몰라요. 4년 전까지도 체험단은 계속했고요. 상위노출도 잘 돼서 월 평균 100만 원 정도 부수입이 생기기도 했어요. 퇴근하고서는 비즈공예로 액세서리를 만들어서 팔았어요. 간호사시절 병동 후배들과 비즈공예 동호회에서 활동했거든요. 덕분에 귀걸이를 만들어 천 원에 팔았어요. 또 있어요. 해외직구가 활발하지 않을 때라 외국에서 직접 화장품을 구입해서 중고카페에 팔아보기도 했어요. 어느 날 엄마가 서울에 오셨는데요. 퇴근하고 귀걸이 만들고, 화장품 배송 포장하는 거 보고 이렇게 한마디 하시더라고요.

"내 딸이지만 어디 가서 굶어죽지는 않것다잉."

지금의 사업가 습성이 그 때부터 시작됐는지도 모르겠습니다.

2008년 더케이손해보험사 자동차보상팀 의료심사직으로 입사를 했어요. 법의학연구소에 있다 보면 보험사에서 사망의뢰건 요청이 많거든요. 그러다가 보험사에도 간호사가 일할 수 있다는 것을 알았어요. 운 좋게 바로 이직을 할 수 있었어요. 서울경기 병원을 다니며 교통사고 피해자 관리를 하는 일이었어요. 피해자와 합의를 위해서는 의료자문을 받아야 했는데요. 법의학연구소에서 의료기록지를 분석한 것과는 다르더라고요. 의료자문은 질문형식으로 작성해야 해요. 보험사와 피해자, 어디에도 유리하지 않도록 최대한 중립적인 질문을 만들어내는 게 어려웠어요. 본사에 있는 선생님께 불려가서 무지하게 혼났어요. 몇 백 명이 근무하는 사무실은 조용합니다. 혼내는 멘토 선생님의 쩌렁쩌렁한 목소리와 훌쩍이는 저를 보며 사람들이 와서 한마디씩 하고 지나갔어요.

"그만 혼내세요. 그러다가 진짜 그만두겠어요."

저요? 그만두지 않았어요. 그럴수록 더 찾아가 웃으면서 알려달라고 했어요. 끝날 때는 언제나 바보 같은 내가 속상해서 한바탕 울고 멘토가 알려준 대로 서류를 수정해서 사무실로 복귀했습니다. 그렇게 두 해를 보냈어요. 의료자료 분석, 키워드 뽑아 의료자문 질문하기, 주치의 면담, 피해자 관리 포인트를 하나씩 알게 됐죠.

2010년 가을, 회사를 그만두고 구로에 있는 산업체 간호사로 6개월 아르바이트를 했어요. 서른 살에 파리여행을 하고 싶었거든요. 보험회사 사정상 여행을 갈 수가 없었습니다. 비행기티켓, 숙소까지 모두 취소했더니 마음의 상처가 도통 아물지 않았어요. 결국 퇴사를 선택했습니다. 파리여행을 준비하면서 돈을 벌려고 산업체 간호사로 일했어요. 그후 2011년 4월부터 7월까지 혼자 유럽배낭여행을 다녀왔어요. 최고의 선택이었습니다.

2011년 여행을 다녀온 후, 너스케입이라는 곳에서 3개월 동안 일했어요. 매번 취업을 위해 너스케입 사이트를 들락거리던 차에 직원을 구한다는 공고를 보자마자 이력서를 넣었죠. 벌써 많은 면접 경력이 쌓여버린 탓에 취업은 따 놓은 당상이었습니다. 간호사도 병실을 돌아다녀야 하고요. 보험사에서도 계속 외근을 해서인지 사무실에 앉아 사이트를 관리하는 게 저와 맞지 않더라고요. 나라는 사람은 돌아다녀야 에너지가 생긴다는 걸 알았어요. 다시 일자리를 찾던 중 메리츠화재 자동차보상팀 취업공고를 보게 됐어요. 보험사는 다시는 가지 않을 거라고 했는데, 근무조건 특히 급여가 매력적이었어요. 퇴사전문가인 저는 이력서 쓰고 면접 보는 것에는 도가 텄던지라, 무난하게 메리츠화재에 입사를 했어요.

2015년 5월 1일자로 메트라이프생명 보험설계사가 되었습니다. 욕심이 많은 사람인가 봐요. 예전보다 급여를 많이 받았음에도 다른 불만이 있었거든요. 의료직군과 보상담당자 급여체계가 달라서 저보다 많은 월급을 받는 보상팀 대리가 보기 싫었어요. 내 실력으로 온전히 인정받고 싶었어요. 남들의 기준이 아닌, 내가 한만큼 받고 남 손가락질하며 살고 싶지 않았어요. 그러다 사내방송에서 보험설계사 연도시상식 하는 걸 봤어요. 자신의 성과로 실력을 인정받는 곳이라는 느낌이 들었어요. 아. 내가 해야 할 건 영업이구나 싶었죠. 그렇게 회사를 그만두고 미국계 생명보험설계사로 입사했어요. 제 나이 서른다섯 살이었죠.

2020년 1월 31일 퇴사를 했어요. 참 먼 길을 돌아왔어요. 영업 실적을 못 채워서 최저 업적일 때도 많았고요. 해촉을 안 당하려고 가짜 계약을 넣기도 했어요. 보험사에서는 월 오백만 원 정도 벌면 일을 잘하는 편에 속해요. 오 년을 일하면서 오백만 원을 번 건 열 손가락에 들 정도였습니다. 고객을 만나러가는 교통비, 커피 값, 환수 등 영업비는 번 돈으로는 감당이 안 됐어요. 또 다시 아르바이트를 시작했어요. 인형 옷을 입고 어린이날 사탕을 나눠주고요. 분양건물 홍보를 위해 길거리에서 커피 나눠주는 일도 했습니다. 내가 일한만큼 번다고 생각했는데, 보험회사에서 월급으로 받다보니 직장인과 똑같다는 생각이 들더라고요. 아빠도 뇌출혈도 돌아가시고, 간호사 일을 하면서 보험이 얼마나 중요한지 알았기에 보험일은 계속 하고 싶었어요. 최종 꿈은 최고의 사내강사가 되는 거였죠. 그러려면 실적이 받쳐 줘야 했어요. 슬럼프가 수시로 왔어요. 그때 글쓰기, 마인드맵, 바인더 수업을 들었어요. 고객에게 서비스하고 싶어서 강의를 시작했어요. 오라는 고객들은 안 오고 일반인들이 돈을 내고 강의를 듣더군요. 2018년 1월 마인드맵을 첫 강의가 그렇게 시작됐어요. 보험설계사 5년 동안 돈은 한 푼도 못 모았는데요. 그 돈의 일부를 자기 계발에 투자한 덕분에 작가가 되었구요. 디지로그(디지털-마인드맵, 아날로그-바인더) 강사가 되었습니다. 실패를 통해 제가 무엇을 좋아하는지 알게 되었어요. 알고 있는 것을 정리해서 가르쳐주기를 좋아한다는 것을요. 내가 무엇을 잘하는지 알게 되는 순간 더 이상 미룰 필요가 없었어요. 보험사 경력 십 년에 점을 찍었습니다.

2020년 3월 1일. "더빅리치 컴퍼니" 대표가 됐어요. '컴퍼니'의 뜻을 아시나요? 서로 빵을 나눠 먹는 사이라고 해요. '리치'는 풍요이고요. 그 앞에 'big'이 붙었습니다. 욕심이 많아 '더 more'까지 넣었습니다. 저와 인연이 되신 분들의 풍요로운 성장을 돕겠다는 사명이 생긴 거죠. 먼 길을 돌아 지금의 제가 되었지만 모든 경험은 소중한 것이기에 오늘도 미래의 나에게 경험이 된다는 마음으로 살고 있어요. 보험사에서 배운 고객관리 프로세스, 블로그 체험단과 의료자문을 하며 글쓰기 연습, 간호사와 보험사 시절 많은 사람을 만나 생긴 친화력, 아르바이트를 통해 부수입을 창출하는 방법을 하나씩 터득했고 모든 게 녹여져 지금의 제가 되었습니다. 150만 원 월급을 받으며 아르바이트를 했던 저는 이제 스스로에게 월급을 주는 1인 기업 대표입니다. 과거의 저처럼 자신을 찾지 못해 외부로만 눈을 돌리고 소득을 창출하지 못하는 분들을 돕고 있어요.

이 책이 자본 없이도 자신의 경험을 바탕으로 수입을 창출하고 싶은 분들을 위한 입문서가 되었으면 좋겠어요. 우리의 목표는 높은 하늘의 별을 따는 것입니다. 어디로 가야 하는지, 준비물은 무엇인지,

언제 출발해야 하는지 기초적인 부분부터 알아야 합니다.

　간호사 시절, 신입 간호사 멘토를 맡았어요. 간호사가 된 지 불과 3년 차 때 일입니다. 일도 할 만하고 어느 정도 자신감도 생겼을 때죠. 귀한 경험이었어요. 경력이 오래된 간호사 선배들은 저보다 많이 알았지만, 그들은 멘토로 부적합해요. 왜일까요? 신규 간호사 시절의 어려움이나 불편함을 잊어버리거든요. 그들에게는 너무 쉬운 일이라 후배들이 실수하는 것을 이해하지 못하죠. 삼 년 차는 달라요. 초보 딱지를 막 뗐거든요. 신규 간호사의 마음을 알아요. 자기도 불과 몇 달 전에 했던 실수를 후배가 하니까 공감하기가 더 쉽겠죠.

　이 책을 쓰는 지금도 같은 마음이에요. 2018년 1월부터 본업과 부업을 병행했어요. 보험영업을 하면서 동시에 강의도 했어요. 회사 다니면서 부업을 못 한다고요?
　'어떻게 하면 회사 다니면서 부수입을 만들 수 있을까?'
　질문을 바꾸고 다시 읽어주세요. 퇴근 후에 유튜브를 찍었어요. 초고를 출력한 종이를 들고 지하철에서 퇴고를 했고, 주말에는 강사로 일했어요. 제가 했으면 여러분도 할 수 있어요. 갓 초보 딱지를 뗐으니 딱 한발 앞선 선배처럼 생각해주세요. 길을 잃었다고 느낄 때는 눈길에 찍힌 발자국 하나가 도움이 되잖아요.
　별은 바라보는 자에게 빛을 준다고 해요. 이 책을 통해서 딱 하나만이라도 내 것으로 만들겠다는 마음으로 읽어주시겠어요? 실행으로 옮길 아이디어가 떠올랐나요? 당장 책을 덮으세요. 멈추지 말고 도전하세요.

    당신은 이미 당신이 원하는 그곳에 가 있습니다.

    '책 먹는 여자'도 당신과 함께 할게요.

1인 기업 도구마스터

최서연

차례

3장 오늘부터 1인 기업

4장 그럼에도 1인 기업

5장 1인 기업 도구로 달라진 사람들

6장 1인 기업 Q&A 30

1인 기업 도구 찾기

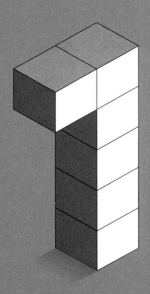

1
나만의 도구를 찾는 세 가지 방법

> **도구【道具】** (길 도 / 갖출 구)
> 1. 일을 할 때 쓰는 연장을 통틀어 이르는 말.
> 2. 어떤 목적을 이루기 위한 수단이나 방법.
>
> 표준국어대사전

글을 쓰면서 습관이 하나 생겼어요. 자주 쓰는 말도 사전을 검색해보는 거죠. 어떤 한자로 구성되었는지, 원래 뜻은 무엇인지 찾아봐요.

〈1인 기업 도구마스터〉라는 퍼스널 브랜드를 만들었어요. 앗! 그런데 '도구'가 무슨 뜻인지 말하려니 어렵습니다. 검색해보니 위와 같은 뜻이었어요. 한자를 풀어볼까요? 〈길을 가면서 갖추어야 하는 수단이나 방법〉이라고 요약할 수 있겠네요.

제가 정의내린 도구는 〈현재의 모습에서 원하는 미래의 모습으로 가도록 도와주는 것, 시간과 에너지를 절약해주는 것)입니다.

이 책에 자주 등장하게 될 '도구'는 여러분에게 필요할 수도 있고 아닐 수도 있습니다. 나에게 적합한 도구가 있을 거예요. 책을 읽다가 '바로 이거야!' 딱 하나만 찾을 수 있어도 충분합니다.

생각을 확장해볼게요. 당신은 도구입니다. 우리 모두는 도구라고 할 수 있습니다. 그것이 망치인지, 전동 드릴인지 찾아내는 것은 각자의 몫입니다. 태어날 때부터 각자 씨앗을 갖고 있는데요. 내 씨앗이 사과이면 과수원에, 고구마이면 땅 속에서 자라나고 열매를 맺어야 합니다. 자신만의 도구를 찾아 적절히 활용하는 것만큼 멋진 일이 있을까요?

이 책을 읽는 동안 스스로 질문하면 좋겠습니다.

'내가 가장 행복할 때는 언제인가?'

'몰입하고 집중했던 분야는 무엇인가?'

당신의 도구를 누군가가 먼저 손에 쥐어주는 일은 없을 거예요. 저와 함께 찾아보시겠어요? 원피스 만화의 루피처럼 한 걸음씩 나아가다보면 동행도 만날 거예요. 꿈을 이뤄주고 자신이 누군지 알게 해줄 귀한 존재들이죠. 우리가 해야 할 일은 일단 시작하는 것입니다.

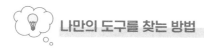
나만의 도구를 찾는 방법

1. 기존의 도구에서 나만의 특별함을 찾는다

무에서 유를 창조하려 애쓰지 말고, 유에서 유를 창조해보세요. 뭔가 색다른 것을 찾기보다 사람들이 자주 사용하는 플랫폼이나 프로그램부터 배워보세요. 거기서부터 시작해서 확장해나가면 됩니다.

2. 시도하고 실패한다. 그리고 다시 도전한다

실패가 두려워 시도하지 않습니다. 완벽한 준비를 기다리다 시작조차 못하는 경우도 많죠. 대장장이는 쇠를 달궈 탕탕 치면서 모양을 만듭니다. 그것으로 끝일까요? 물건을 잘라보기도 하고, 여러 번 모양을 바꿔가며, 연습과 노력을 거쳐 하나의 도구를 만들어냅니다. 한번의 붓질로 명작이 탄생하길 기대하는 것은 욕심이죠? 명작은 노력과 반복의 결과입니다. 우리가 할 일은 시도하고 실패하고 다시 시작하는 것. 그리고 반복하는 것이 전부입니다.

3. 그대로의 나를 인정한다

"3P바인더 강의하는 사람 많던데, 제가 지금에서야 강사가 되면 경쟁이 될까요?"

"씽크와이즈 강사이면서 왜 수강생들한테 강사를 하라고 하세요?

밥줄 끊기면 어떻게 하려고요?"

자주 듣는 질문입니다. 도구는 하나지만 강사마다 색깔이 달라요. 3P바인더 하나의 콘텐츠를 열 명의 강사에게 들어도 다 배울 점이 있어요. 각자의 향기가 다르기 때문이죠. 그런데 왜 자신의 색과 향을 버리고 남들과 같아지려 할까요?

늦었다는 생각이 들 때는 자신을 들여다보는 것이 가장 좋은 방법입니다.

- 나는 어떤 삶을 살았는가?
- 나의 경험과 경력은 누구에게 도움이 되는가?
- 그들에게 어떻게 메시지를 전달할 것인가?
- 내가 이 일을 하는 이유는 무엇인가?

이런 생각에서부터 시작하면 됩니다. 당신이 시작하면 그것 자체가 경쟁력이니까요.

2
나만의 도구를 찾는 세 가지 질문

어느 책에서 본 내용인데요. 인류 최초의 도구가 무엇이었는지 아세요? 바로 '손'이라고 해요. 양손으로 다 들 수 없어서 팔로 껴안아 옮기게 되었고요. 결국에는 가방까지 만들게 되었다고 해요.

책 먹는 여자가 소개하는 도구는 가방과 같은 존재예요. 가방에도 핸드백, 백팩이 있죠? 그렇지만 본질은 물건을 담는다는 공통점이 있어요. 정답이 하나가 아니에요.

손, 팔, 가방 중 무엇을 사용해도 일단 우리는 성장의 과정에 있습니다. 가방이 없다고 아예 행동하지 않는 사람도 많으니까요. 손으로 하나씩 옮기다보면 무엇이 필요한지 알게 됩니다.

나만의 도구를 찾는 세 가지 질문

1. 남들이 나한테 자주 물어보는 것이 무엇인가?

나는 눈감고도 하는 일인데 남들이 물어보는 경우가 있지 않나요? '어? 이런 것도 모를 수 있나?' 싶을 때가 있어요. 저에게는 SNS가 그래요. 회원가입하고 하나씩 해보면 되는데 말이죠. 모른다고 알려달라고 하면 예전에는 이해가 안 됐거든요. 이제는 그게 콘텐츠가 된다는 걸 알았어요.

2. 나는 무엇을 할 때 행복한가?

나에 대한 질문의 중요성은 계속 언급될거예요. 우리는 타인에 대해서는 쉽게 단정해서 말합니다. 나에 대해서는 어떤가요? 행복해지고 싶다고 말하면서도 정작 자신이 언제 행복한지 몰라요. 책 읽을 때 행복한가요? 몇 시간이 걸려 요리를 하더라도 가족이 먹는걸 보면 힘이 나나요? 맥가이버처럼 뚝딱 뭔가를 만들어내나요? 영화를 보고 친구들에게 이야기해주는 걸 좋아하나요? 당신의 일상을 제 3자의 눈으로 바라보면 답이 나와요.

같은 영화를 봐도 저는 재미있다는 말 밖에 못하는데요. 어떤 친구는 대사, 장면까지 놓치지 않고 맛깔나게 풀어냅니다. 이 친구는 블로그에 영화리뷰를 쓴다거나, 유튜브에 문화콘텐츠를 소개하면 좋겠어요. 저는 아이디어가 떠오르면 구조화해서 상품(강의, 모임, 프로젝트)으로 만들어낼 때 행복해요. 머릿속에 시나리오가 그려지거든요. 마치 영화감독처럼 말이죠. 이 작업을 통해 현재는 1인 기업을 준비하거나, 부수입 창출을 원하는 분께 컨설팅까지 하게 됐어요.

3. 질문을 가지고 책을 읽는가?

일 년에 백 권 이상의 책을 읽어요. 목적에 따라 책 읽는 방법이 달라지는데요. 책을 읽어야 할 이유가 정해지면 읽는 속도도 빨라져요. 목적(질문)에 맞는 답만 찾아내면 되기 때문이죠. 1인 기업가라면 의도적으로 시간을 내서 책을 읽어야 해요. 책을 읽으며 가져보면 좋을 질문을 남겨요.

- 내가 얻고 싶은 것은 무엇인가?
- 작가가 나에게 말하고자 하는 것은 무엇인가?
- 나는 무엇을 실천할 수 있을까?

3
성공을 좌우하는 도구 활용 능력

> **능서불택필【能書不擇筆】**
> 글씨를 잘 쓰는 이는 붓을 가리지 않는다는 뜻으로, 일에 능한 사람은
> 도구를 탓하지 않음을 이르는 말

"마인드맵만 배우면 달라질 수 있을까요?"

"바인더만 배우면 시간 관리를 잘하게 되는 거 맞죠?"

천만 원 이상 지출하며 자기 계발을 해본 사람으로서, 반은 맞고 반은 틀리다고 볼 수 있는 질문입니다. 배운다고 해서 모두 내 것이 되지는 않으니까요. 성과를 내기까지는 시간과 노력이 필수입니다. 안타깝게도 대부분의 수강생은 단타를 노립니다.

"시간관리 잘하고 싶어서 바인더를 배웠는데, 바빠서 못 쓰고 있어요."

"마인드맵을 배울 때는 알겠더니 막상 잘 안 쓰게 되더라고요."

배웠다는 점 하나로 모든 것이 해결되지 않습니다. 마인드맵 강의를 할 땐 매일 한 장씩 백일만 그려볼 것을 추천합니다. 그때 수강생들의 눈빛은 당장에라도 백장을 그러낼 듯합니다. 며칠이 지나 연락을 해보면 99%의 수강생이 "하면 좋은 건 알겠는데 시간이 나질 않네요."라고 말해요.

성공과 성장에는 며느리도 모르는 비법이 있지 않다고 생각해요. 정석대로 하루에 한걸음씩 걸어 나가야 한다는 것, 급하지 않지만 중요한 일에는 매일 시간을 떼어 사용해야 한다는 것, 내 것이 되어 타인에게 알려줄 수 있을 때까지 고집스럽게 공부할 것, 지름길이 있을 수는 없습니다.

 ## 도구활용능력 업그레이드 하는 방법

1. 지행격차 줄이기

'좋은 거 배웠네. 세상 좋아졌어.' 감탄만 하실 건가요? 정보 습득을 넘어 바로 활용해보길 추천합니다. 알게 된 것만으로도 충분한가요? 돈으로 환산할 수 없는 시간이라는 자원을 소비했는데요?

지행격차, 아는 것을 실천해서 간격을 줄어야 원하는 모습과 삶이 어제보다 한발 다가와요.

2. 목표 쪼개기

일상을 프로젝트로 만들면 좋아요.

A "앞으로 30일 동안 매일 아침 6시 30분부터 15분 동안 마인드맵을
     만들어볼거야."

B "하루에 한번 마인드맵을 해보자."

A의 목표를 세우는 사람이면 좋겠어요. 하루의 언제라도 마인드맵을 그려야 된다고 막연히 목표를 잡으면 밤 11시가 되도록 부담감의 괴물과 싸워야 해요. 아까운 에너지가 세어나가고 있어요. 매일 나와의 약속을 지켜나가면서 성취감을 느껴보세요. 하루에 15분으로 달라지는 자신을 만날 수 있어요.

3. 맞불 작전 활용하기

"누가 볼까봐 무서워서 못 하겠어요."

블로그 글쓰기를 비공개로 해놓고 혼자만 보는 분, 살 빼고 유튜브를 찍겠다는 분이 많아요. SNS는 공유와 소통이 기본입니다. 그러려면 나를 보여줘야 해요. 내 생각을 한 줄이라도 말해보고 써보는 거죠.

"글을 못 써서 창피해요."

못 쓰는 글이니까 자꾸 공개해서 사람들의 반응을 보면서 피드백

하고 개선해나가는 맞불작전을 활용해보세요.

 책 추천

《**타이탄의 도구들**》 팀 페리스, 토네이도, 2018년
《**어쩌다 도구**》 이재덕, 태인 문화사, 2019년
《**배움을 돈으로 바꾸는 기술**》 이노우에 히로유키, 예문, 2013년

4
1인 기업을 제대로 하고 싶은 당신에게

외부 모임에 가면 '대표님'이란 호칭을 종종 들어요. 대표나 사장이라는 호칭은 나이 지긋한 어른에게 해당할 줄 알았는데 저보고 대표님이라고 하니 쑥스러우면서도 으쓱합니다. 1인 기업에게 대표라는 말은 내가 나를 대표한다고 생각해요. 나 자신이 브랜드이기 때문이죠. 그러다보니 나에 대한 질문을 찾아 탐구하는 시간도 필요해요.

사업을 준비 중인가요? 이놈의 회사 때려치우고 싶나요? 오늘은 정말로 사직서를 던지고 나올 건가요? 좋아요. 당신이 원하는 것이 퇴직인지 더 나은 삶인지 다시 생각해보면 좋겠어요. 저는 그야말로 퇴사전문가였어요. 회사의 정책이 마음에 안 들었고, 동료의 말투에 기분이 나빴죠. 여러 번 직장을 옮기며 깨달았어요. 100% 내 마음에 드는 회사나 동료는 없다는 걸요. 내가 그런 사람이 되면 되더라구요.

한동안 동전노래방이 유행이었죠? 인형 뽑기도 있었고요. 아이템은 항상 변합니다. 사람들은 사업을 시작한다면서 돈 되는 아이템을 찾아요. 아이템이 아니라 지갑을 여는 사람들의 마음, 본질을 공부하면 좋겠어요. 더 중요한 공부는 나에 대한 인식이라고 생각해요. 나부터 알아야 합니다. 무형의 지적자산에 당신만의 색깔이 느껴지면 좋겠어요.

시스템도 중요해요. 한두 개 팔고 끝낼게 아니라면요. 시스템(매뉴얼)의 대표적인 기업이 맥도날드죠? 세계 어디를 가도 같은 맛을 내는 비법은 매뉴얼에 있습니다. 맥도날드 CEO 레이 크록의 영화 《더 파운더》를 봤어요. 맥도날드 프랜차이즈를 안정화시킨 비결은 바로, 철저한 매뉴얼이었습니다.

"피클은 두 개만 넣을 것"과 같은 사소한 것부터 시작이죠. 저도 매뉴얼이 있어요. 강의를 준비할 때 매뉴얼을 참고해요. 추가된 내용은 필기하고 다시 타이핑해서 출력하면서 업그레이드하고 있어요.

제대로 일하려면 모든 것을 기록으로 남기는 연습을 하면 좋겠어요. 고객과의 미팅은 업무일지에, 기억할만한 일정은 블로그나 인스타그램 등 SNS에 하나씩 적는 거죠. 필요한 작업인 줄 알지만 바빠서 할 수 없다는 말이 나올 수도 있어요. 바쁠수록 기록을 놓지 않으면, 기록 덕분에 안 바빠질거예요.

1인 기업을 한다는 것은 매일 뗏목을 타고 정글을 탐험하는 기분이에요. 뗏목은 위험해보이기도 하지만, 물살에 맞춰 빨리 이동할 수도 있지요. 가끔 물에 빠지면 어때요? 다시 뗏목에 올라타면 되죠. 악어 떼가 우글거리는 정글에도 아름다움은 존재합니다. 회사생활에서 느끼지 못한 자유로움과 보람은 보너스예요.

 1인 기업 제대로 하고 싶다면 3가지만 기억하자

① 나에 대해 알기

② 시스템(매뉴얼) 만들기

③ 기록하기

5
아이디어를 돈으로 바꾸는 방법

"아. 저거 나도 생각했던 건데…"

"내가 먼저 하려고 했는데…"

우리는 이런 말을 자주 합니다. 그 사람과 저의 차이점은 뭘까요? 바로 '행동'입니다. 아이디어가 많아도 고객의 눈에 보이게 하고 마음에 꽂히게 하는 것은 당신이 만들어낸 그 무엇입니다. 1인 기업가에게 아이디어는 생명입니다. 아이디어를 얻으려고 책도 읽고 배우기도 하죠. 생명과 같은 아이디어를 세상에 내보이는 것은 행동만이 답이에요.

직접 강의를 해보거나, 프로젝트를 운영하면서 계속 개선하고 있어요. 거기에서 성장과 성숙이 일어나는 거죠. 오늘 어떤 아이디어가 떠올랐나요? 아이디어 기록부터 활용까지 책 먹는 여자의 팁을 소개합니다.

 **아이디어를 붙잡아두는 방법**

1. 화장실에 메모지와 펜을 둡니다

예전에 수강생과 이런 이야기를 나눴어요.

"언제 아이디어가 많이 떠올라요?"

변기 위에 앉아있을 때, 머리를 감을 때 아이디어가 번뜩여요. 좀 있다가 적어야지 하면 일초만 지나도 도통 떠오르지 않아요. 그래서 화장지걸이 위에 메모지와 볼펜을 놔두고 수시로 적어요.

2. 구글 캘린더를 활용해요

이동 중에도 갑자기 해야 할 일이 떠오를 때가 많아요. 메모지가 없어 난감하죠. 그럴 때는 구글 캘린더에 후딱 입력해요. 집이나 사무실에 도착하면 바인더에 옮겨 적거나, 바로 할 수 있는 일은 해치우려고 노력해요.

3. 아이디어 노트를 만들어요

여러 메모가 섞인 종이에 아이디어를 적으면 나중에 무슨 말인지 알 수 없어요. 정보가 섞이면 가치를 잃어버려요. 그래서 아이디어만 따로 기록하고 모아둬요. 메모지나 알람에 있던 1차 정보가 숙성이 된답니다.

아이디어를 활용하는 방법

좋은 아이디어는 사람들의 욕구를 충족시켜줘야 한다고 생각해요. 그래서 그들의 욕구파악을 해야 합니다. 강의를 만들어도 팔릴만한 것인지 테스트를 해보는 거죠. 저는 블로그를 활용해요.

먼저 강의를 하기 전 이런 주제에 관심이 있는지 물어보기도 하고요. 아예 사전신청을 받아보는 거죠. 마치 크라우드 펀딩처럼 먼저 돈을 받고 제품을 판매해요.

오픈하면 대박날 것 같았던 강의도 조용히 내린 경우도 많았어요. 고객의 욕구에 초점을 맞추지 못한 경우예요.

아이디어를 활용하는 방법은 실천해보는 것이 좋아요. 두루뭉술했던 아이디어가 구체화되는 것도 실행에 의해서만 가능합니다. 아이디어는 고갈되지 않아요. 아이디어를 세상에 제공할수록, 몇 배 이상의 것이 생겨납니다. 마르지 않는 우물처럼요.

'이건 내거야!'라는 마음에 당신의 생각을 꽁꽁 숨기고 있나요? 명문대학도 무료로 강의를 오픈하는 세상입니다. 더 퍼주고 많이 나누면 좋겠습니다.

6
꿈, 양보하지 마세요

"저는 대통령이 되고 싶어요."

"연예인이 될래요."

뭐든 이룰 수 있을 거라 믿었던 어린 시절에 우리는 눈치를 보지 않고 꿈을 이야기 했습니다. 자라면서 친구와 비교하고 성적으로 꿈을 한계 지었어요. 뭔가 자유로울 것 같던 어른이 돼서도 마찬가지예요. 세상의 잣대에 맞춰 내 꿈은 한없이 작아집니다. 당신의 꿈 한 조각 아직 남아있나요?

꿈 한 조각의 씨앗이 당신을 무럭무럭 자라게 해줄거예요. 1인 기업가에게 꿈, 목표는 매일 살아갈 이유가 됩니다. 아침마다 이불 밖으로 나오게 하는 이유입니다. 물론 이불 밖은 위험이 존재합니다. 그것이 꿈을 단단하게 하는 요소예요. 마치 영화주인공에게 악당 조연이 필수인 것처럼 말이죠.

"내가 십년만 젊었어도…"

"아이들만 없었어도…"

꿈 앞에 한계를 붙이는 건 바로 자신이더라구요.

"혹시 결혼은 하셨나요?"

"아직 미혼이에요."

"아. 역시 결혼을 안 했을 것 같더라니."

모르겠습니다. 진짜로 제가 미혼인 게 당신에게 위로인건지 변명인건지… 타인의 환경 뒤로 자신을 숨기지 마세요. 당당하게 앞으로 나섰으면 좋겠습니다. 관점을 타인이 아닌 나에게 맞추세요. 나라면 무엇을 잘 할 수 있는지, 어떤 일을 해왔는지 차분히 기록해보시면 좋겠어요.

한 조각씩 떨어진 꿈을 다시 담아주세요. 이십대에 어떤 일이 있었죠? 처음으로 월급을 받은 날 기억나세요? 임신소식을 들었을 때 어땠나요? 비행기를 타고 처음으로 여행간 곳은 어디인가요? 첫사랑과 헤어진 날 많이 울었나요? 행복도 슬픔도 삶의 양념이 됩니다. 기쁨, 슬픔, 보람, 실패, 행복의 양념을 넣고 섞다보면 멋진 인생 요리 메뉴가 탄생해요.

'아. 내가 이때 여행가이드가 되고 싶어 했지!'

'이때 친구들이 참 즐거워했는데…'

'시간가는 줄 모르고 했었어.'

내 삶인데 본인조차 놓치고 온 것들이 많습니다. 내 꿈, 진정한 모습, 웃음까지 말이죠. 이 책을 본다는 것은 이미 꿈을 찾았기 때문이 겠죠? 축하드려요. 그렇다고 안심할 수 없어요. 언제든 악역은 스탠바이 중이니까요. 저도 이런 생각이 들 때가 있어요.

'내가 이렇게까지 해야 할 필요가 있을까?'

'이런다고 뭐가 달라지나?'

'아무것도 안 하고 싶은데...'

얼른 정신 차리고 고개를 좌우로 흔듭니다. 나는 내가 원하는 사람이 될 수 있다고 믿으면서요. 보험사 보상과에 근무할 때 다발성 골절로 수술 후 재활병원에 입원한 피해자를 만나러 갔죠. 절뚝거리면서도 그녀는 천만다행이라고 웃으며 말했습니다. "점점 좋아지고 있어요." 객관적으로 봐도 여러 차례의 수술로 고통이 있을거라는걸 알지만 그녀는 자신을 포기하지 않았던 거죠. 저와 당신도 그랬으면 좋겠습니다.

"매일 점점 더 좋아지고 있어요."

2장

1인 기업 도구 소개

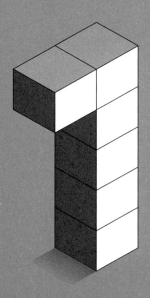

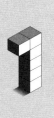

1
전략독서

1인 기업 도구 중 하나만 꼽으라면 단연코 독서입니다. 이왕이면 〈전략독서〉를 추천해요. 목적이 있는 독서라고 말할 수 있어요. 베스트셀러라는 이유로 무작정 읽지는 않나요? 읽고 나서는 '글 참 잘 쓰네'라고 생각하며 덮고 끝내지는 않나요? 자신에게 어떤 책이 필요한지 고민하는 시간이 필요합니다. 이태준 작가는 《무서록》에서 책의 존재를 이렇게 말했어요.

"책은 읽는 것인가? 보는 것인가? 어루만지는 것인가? 하면 다되는 것이 책이다."

책은 그 자체만으로도 아름다운 존재입니다. 책을 가까이하는 것만으로도 멋진 모습이에요. 단, 1인 기업을 하는 사람이라면 인풋,

아웃풋 개념을 기억해주세요. 전략독서를 권하는 이유입니다.

이 개념은 한국 경영 리더십 컨설팅 김형환 교수의 1인 기업 수업을 통해 알게 됐어요. 서점이나 도서관에 가서 자신의 직업과 관련된 열다섯 권 리스트를 뽑아 읽는 것이 과제였어요. 처음에는 전략독서를 하지 않았어요. 읽어야 할 책이 많은데 독서 과제를 따로 해야 한다는 부담이 컸거든요. 지금은 어떨까요? 누구를 만나든 전략독서를 권해요.

열다섯 권이 많다고 느껴진다면 세 권부터 시작해보세요. 1인 기업 관련 마케팅에 고민이 생겼다면, 인터넷서점에서 '마케팅', '홍보' 등 키워드로 검색을 합니다. 겹치지 않는 내용으로 세 권을 주문해요. 책이 잘 도착했나요? 세 권을 언제 다 읽을지 막막하세요? 그럴 때는 고래 자르기 기법을 활용합니다. 고래 한 마리를 냉장고에 넣을 수는 없지만 잘게 잘라서 부위별로 넣으면 가능하겠죠? 읽어야 할 책이 300페이지라고 가정하고 30일 동안 보기로 했다면 하루 10페이지만 읽으면 됩니다. 하루 10페이지면 부담이 줄어들겠죠? 읽다 보면 10페이지 넘게 읽을 때도 있을 겁니다. 세 권 읽는데 90일도 채 걸리지 않아요. 미리 책을 구입하고 계획을 수립한 후 매일 적정 분량만 읽어보세요.

전략독서를 추천하는 이유

① 한 영역을 제대로 공부한 전문가가 된다.

② 같은 주제로 읽다 보면 독서 속도가 빨라진다.

③ 필요한 부분만 발췌해서 읽는 능력이 향상된다.

④ 현업에서 바로 활용 가능한 아이디어를 얻는다.

미니멀라이프를 하던 시절, 무작정 매일 버리기만 했습니다. 제대로 알고 싶어 책을 읽기 시작했어요. 미니멀라이프 관련 책을 읽고 하나씩 비움을 실천했죠. 도움 되는 책은 영상으로 서평을 남겨 유튜브에 올리기도 했고요. 그렇게 오십 권 정도 읽고 나니 미니멀라이프의 개념과 실행 방법 등을 섭렵할 수 있었어요. 반전문가라고 할까요? 그때 알았어요. 관심 분야의 책 열권만 읽어도 충분한 공부가 된다는 사실을요.

전략독서를 하려면 먼저 나와 대화하고 객관적인 관점에서 자신을 관찰하는 습관이 필요합니다. 목적이 있는 책 읽기를 해야 하는데, 목적 자체를 모르면 곤란할 테니까요.

왜 1인 기업가가 되고 싶으신가요? 당장 해결해야 할 문제는 무엇인가요? 어떤 모습으로 살고 싶나요? 이런 질문에 도움이 될 책을 추천하며 마무리할게요.

책 추천

《**나는 왜 이일을 하는가**》 사이먼 사이넥, 타임비즈, 2013년

《**파이브**》 댄 자드라, 앵글북스, 2015년

《**나는 퇴근 후 사장이 된다**》 수지 무어, 현대지성, 2019년

🔍 더석세스 리더스 클럽* 선정도서 리스트

*책먹는여자가 진행하는 1인기업가 전략독서 스터디 모임

1회	2회	3회	4회	5회
그대, 스스로를 고용하라	백만장자 메신저 The Millionaire Messenger	PINK PENGUIN 핑크펭귄	작은가게 성공매뉴얼	TOOLS OF TITANS TIM FERRISS
20.12.16	21.01.06	21.01.27	21.02.17	21.03.10

6회	7회	8회	9회	10회
모임을 예술로 만드는 법	100 사이드 프로젝트 100	스타벅스 커피 한 잔에 담긴 성공신화	PRIDE	콘텐츠로 창업하라
21.03.31	21.04.21	21.05.12	21.06.02	21.06.23

2
블로그

"활용하는 도구 중에 가장 먼저 시작해야 할 것은 무엇인가요?"

블로그부터 시작해보기를 추천해요. 블로그는 사진과 글의 조합인데요. 두 요소를 조화롭게 사용하면서 내가 전달하고자 하는 내용을 적다보면 창조적 요소가 생겨요. 컬러로 비유해볼까요? 블로그 글쓰기를 하기 전에는 무채색 삶이었어요. 지금은 무지개빛입니다.

길가에서 사랑싸움을 하는 연인을 보면, 예전에는 '왜 저래? 여기가 자기네 안방인 줄 아나?' 눈을 찌푸렸어요. 글을 쓰면서 변했습니다. '아. 나도 저럴 때 있었지. 저 모습도 예쁘네.' 생각이 들면서 오늘 본 사실과 과거연애사를 조합하며 블로그에 글을 씁니다. 다툼도 지나고 보면 사랑의 다른 표현이었음을 알아버린 마흔 여성의 넋두리 정도로요. 정보성 글보다 블로그에서 호응도 좋아요. 그럼에도 당신은 이렇게 말하겠죠?

"에이. 바빠서 블로그 배울 시간도, 쓸 시간도 없어요."

 ## 바쁠수록 블로그를 해야 하는 이유

1. 블로그는 비서입니다

바쁘시죠? 그러니까 블로그를 해야 해요. 수강생이 질문을 남기면, 블로그에 관련 내용으로 글을 작성해놓습니다. 같은 질문이 또 들어오면 작성해놓은 포스팅을 공유하면 돼요. 시간 절약, 수강생 관리까지 가능해요.

2. 블로그는 매니저입니다

강사, 영업하는 사람들에게는 꾸준한 자기 홍보가 필수입니다. 일대일로 접근하는 지인소개 방식도 있지만, 잠잘 때도 홍보할 수 있는 것 중 하나가 블로그예요. 저는 수업이나 모임 등 진행하는 일정이 끝나면 수강생보다 먼저 블로그에 후기를 작성해요. 제목에는 홍보하고 싶은 내용을 키워드로 넣어요. 지역, 대상자, 과정명은 필수예요. 그걸로 할 일은 끝입니다. 광고비 지출 없이도 자체 홍보가 되고요. 기관이나 기업에서 블로그를 보고 강의요청이 와요. 블로그를 시작만 하면 가능한 일이에요.

3. 블로그는 기본입니다

블로그 하나만 잘하면, 다른 SNS는 쉽다고 수강생들에게 이야기를 해요. 2007년부터 블로그를 했어요. 십년이상 하나의 플랫폼을 사용하면서 깨달았어요. 블로그는 SNS의 시작입니다.

"블로그 주소 알려주시겠어요?"

"블로그는 안 해요."

안타깝지만 모든 것은 타이밍이 있기에 강요한다고 될 일도 아닙니다. 블로그 하나만 제대로 하면 인스타그램, 유튜브, 팟빵 등 다양한 SNS활용이 가능하거든요. 블로그는 긴 글, 인스타그램은 강력한 짧은 문구가 좋아요. 글을 길게 쓰는 게 어려울까요? 요약해서 짧게 쓰는게 어려울까요? 당연히 짧은 글입니다. 블로그에 생각을 쭉 풀어낸 후 뽑아낸 구절 하나를 인스타그램에 올려도 돼요.

즉, 블로그는 원고가 됩니다. 기본입니다. 걷지 않은 상태에서 뛰려고만 하면 넘어집니다. 다쳐요. 기본적인 것을 배우려면 시간을 투자하면서 자기 것으로 만드는 노력도 필요해요. 블로그 13년차의 알쏭달쏭한 충고였습니다.

 책 추천

《매일 아침 써봤니?》 김민식, 위즈덤하우스, 2018년
《대통령의 글쓰기》 강원국, 메디치미디어, 2017년

3
3P 바인더

"도대체 잠은 언제 자요?"

"시간 관리를 어떻게 하세요?"

회사 다닐 때는 8시 30분 출근, 기약 없는 퇴근으로 개인시간이 거의 없었어요. 6시 30분에 퇴근해도 빈둥거리다가 하루를 보냈죠. 2015년 보험영업을 하면서 시간 관리의 중요성을 깨달았어요. 회사에서 알려줄까요? 아니요. 상품교육은 많았지만 자기관리 공부는 스스로 해결해야 했어요. 성과 나는 직원도 되고 싶고 개인시간을 활용해서 취미도 즐기고 싶었습니다. 그러다 만난 도구가 〈3P 바인더〉예요.

"서연씨. '바인더'라는게 있는데요. 한번 검색 해봐요."

지점에서 가장 먼저 출근하고 주말에도 일하는 저를 눈여겨보던 옆 팀장이 지나가며 툭 던진 한마디예요. 인터넷 검색 후 〈성과를 지배하는 바인더의 힘〉이란 책을 구입했어요. 3P자기경영연구소 강규형 대표님의 책인데요. 이랜드에서 푸르덴셜 보험사로 이직했던 부분에서 동질감이 생겼어요. A5사이즈 플래너에 일정을 기록하고, 형광펜으로 표시를 하는 것도 재미있었어요.

쓸수록 부족한 부분이 있어서 2016년 1월 2만원짜리 유료세미나를 들었어요. 2018년 5월에는 바인더 코치과정까지 수료했죠. 지금은 온라인, 오프라인 코칭을 해요. 바쁘다는 말을 입에 달고 살지만 막상 아웃풋이 없어 도움이 필요한 수강생들을 시간 관리전문가로 변신시켜드려요.

 ## 1인 기업가라면 시간관리가 필수, 3P바인더의 장점

1. 일과 삶을 통합 관리할 수 있어요

지금 열심히 사는 이유가 무엇인가요? 꿈꾸는 행복한 삶을 위해서입니다. 그렇다고 오늘을 희생하면서 미래만 달콤하기는 싫었어요. 매일 일과 삶의 균형을 이루고 싶었거든요. 바인더 양식지는 work, life로 구분되어 있고요. 매주 일정도 업무와 개인으로 우선순위를 기록할 수 있어서 복잡한 삶을 단순하면서도 성과있게 만들어줍니다.

2. 시간의 통제권을 가질 수 있어요

하루 24시간은 누구에게나 같습니다. 그런데 이상해요. 누군가는 10시간으로 쓰면서 바쁘다는 말만 하고요. 어떤 사람은 25시간처럼 쓰지만 업무적 성과와 개인적 만족감까지 가져가니까 말이죠. 인생을 눈에 보이게 두라는 말이 있습니다. 돈은 눈에 보이니까 아끼려고 하죠. 시간은 무형의 자산이기에 쉽게 놓칩니다. 시간을 기록하면 해결되는 문제예요. 볼펜을 들고 종이에 시간을 기록해보세요. 생각은 빠르지만 종이에 적다보면 멈춰서 보는 힘이 생겨납니다. '이게 정말 내가 해야 하는 일인가?', '이번 달에 가장 중요한 일은 무엇이지?' 적다보면 삶이 보이기 시작할거예요. 그러면 통제할 수 있어요.

3. 성과가 납니다

"바인더 쓴지 1년이 넘었는데, 왜 저는 그대로죠?" 질문을 자주 받습니다. 공감해요. 저도 그랬거든요. 무겁기만 하고, 기록은 하는데 뭐가 좋은지도 모르겠더라고요. 일 년 이상 답을 찾아다녔지만 알 수 없었어요. 바인더 코칭 횟수가 늘어날수록 책임감이 강해졌어요. '도대체 성과의 차이는 어디서 날까?' 질문을 가지고 지내다가, 유레카를 외쳤어요. 바로 〈피드백〉이었습니다. 기록이 기록으로 끝나지 않고, 성과로 이어지는 것은 〈피드백〉입니다. 피드백을 하다보면 개선점이 보입니다. 스스로 체크를 하니까 수긍도 되고요.

"바인더의 시작은 기록, 끝은 피드백입니다."

깨달음을 통해 매월 말일에 피드백 모임을 진행한지 거의 2년이 되어갑니다. 〈성과를 지배하는 바인더의 힘〉에서 "슈퍼맨이 될 수 없다면 일처리 방식을 바꿔라"는 구절이 나와요. 프로세스 개선의 필요성을 강조한 말입니다. 여기에 하나 덧붙이겠습니다.

"성과가 나지 않는다면, 피드백을 하라."

책 추천

《성과를 지배하는 바인더의 힘》강규형, 스타리치북스, 2013년
《피드백》김경민, 이정란, 뷰티플휴먼, 2012년
《불렛저널》라이더 캐롤, 한빛비즈, 2018년

4
마인드맵

　1인 기업 도구를 쭉 나열하다가 순간 멈칫했어요. 책을 보다가 '1인 기업을 하려면 이걸 다 알아야 한다고?' 생각하며 시작도 하기 전에 포기하지 않을까하고요. 부담은 내려놓으셔도 좋아요. 도구편을 끝까지 읽어보면서 지금 당장 필요한 것이 무엇인지 하나만 찾아내셔도 충분합니다.

　마인드맵이라는 용어를 서른 중반이 넘어서야 알았습니다. 자기계발서를 파고들면서 읽을 때였어요. 책을 읽고 필요한 부분을 정리하고 싶었는데요. 책에서 추천한 방식이 마인드맵이라는 도구였어요.

　화가 뺨치는 화려한 그림이 가득한 마인드맵은 도전하기 어려웠어요. 학창시절에 미술점수가 바닥이었거든요. 그래서 그림에 대한 트라우마가 있어요. 포기하려던 찰나 디지털 마인드맵 프로그램 〈씽크와이즈〉를 알게 됐어요. 2017년 여름, 습관코칭센터 박현근코치의 수업을 들었어요. 몇 가지 조작으로 마인드맵이 완성되고, 이미지까지 삽입할 수 있었어요. 포기했던 마인드맵의 꿈을 펼쳐서, 씽크와이즈 강사가 되었습니다.

 디지털 마인드맵 프로그램, 씽크와이즈의 장점

1. 그림을 못 그려도 된다

마인드맵을 추천하면 "나 그림 못 그려요"라는 말부터 나옵니다. 디지털 프로그램이라서 클릭 몇 번으로 원하는 그림을 넣을 수 있어요. 손으로 그리다 잘못하면 다시 그려야 하지만 디지털이라 수정도 쉽고요.

2. 재사용을 할 수 있다

손으로 그리는 마인드맵은 종이 한 장에 그리면 끝입니다. 씽크와이즈는 한글, 파워포인트문서로 변환되고요. 발표기능도 있어요.

3. 생각을 구조화하다

"뒤돌아서면 잊어버린다"라는 말을 자주 듣습니다. 방금까지 기억했는데, 머릿속에 지우개가 작동하는 거죠. 마치 물고기를 잡으려는데 미끄러져 나가는 것 같아요. 손보다 디지털로 기록하는 것이 빠르기 때문에 사고의 흐름을 놓치지 않을 수 있어요. 브레인스토밍 하듯 내용을 쭉 적어놓고 같은 것끼리 묶는 작업을 통해 생각이 구조화되고요. 우선순위가 분명해지니까 실행력까지 좋아집니다.

1인 기업이 되는 방법은 여러 가지가 있어요. 씽크와이즈 활용사례를 통해서 말해볼까요? 일단 나한테 필요한 강의를 배워요. 해당 프로그램의 최고과정까지 이수를 해요. 대부분 강사양성과정이겠죠? 이수를 하자마자 바로 강의를 오픈해요.

"에이. 염치도 없지. 강의를 해본적도 없는데 돈 받고 강의를 하라고요?"

네. 일단 시작하세요. 대한민국 강사 어느 누구도 처음부터 지금처럼 잘하지 않았습니다. 지금 내가 알고 있는 것, 가지고 있는 것으로 시작하는거예요. 강의 개설도 안 하면서 아무도 안 올까봐 걱정하는 것보다 100배 훌륭합니다.

돈정리의 마법
빅리치 북클럽 12-5

- **BEFORE**
  - 작가 / 출판사
  - 작가가 말하고자 하는 결론
  - 3-keyword
  - 내가 얻은 것

- 감사나눔(쓰담쓰담카드) / 빅리치 통장 / 7분 독서 / 작가소개
  본깨적 (지난주 실천피드백) / 6회차 책안내 / 단체사진 / 후기 / 쿠폰 / 스터디

- 느낀 점

- - 내 지갑의 실태는?
  - 함께 이야기 나눌 질문 1개씩 뽑아주세요.

- 인상깊은 세구절 나눔

- 적용

- 함께 읽으면 좋을 책 추천

4월 독서리스트

1주차 · 2주차 · 3주차 · 4주차

청소력 · 타이탄의 도구들 · 핑크펭귄 · 이 한마디가 나를 살렸다

씽크와이즈 3개월 쿠폰 신청방법

무료 동영상 보기

 책 추천

《프로젝트 능력》 정영교, 북마크, 2015년
《토니 부잔의 마인드맵 북》 토니 부잔, 배리 부잔, 비즈니스맵, 2010년
《뇌가 기뻐하는 공부법》 모기 겐이치로, 이아소, 2009년

5
유튜브

Don't tell Show me

　책 먹는 여자가 좋아하는 구절이에요. 1인 기업을 하고, 강의 기획과 모집을 하며 마케팅도 공부하고 있어요. 아무리 좋은 콘텐츠가 있어도 대상자의 마음에 가닿지 않으면 지갑은 열리지 않더라고요. 마음이 열려야 지갑이 열려요. 아이러니하게도 사람은 이성적으로 움직이지 않아요. 공감되는 이야기, 즉 감성적인 포인트에 사람들이 움직인다는 사실을 알게 됐어요. 그저 당신의 이야기를 들려주면 됩니다.

　말하는 게 글 쓰는 것보다 쉽습니다. 자막편집을 할 때마다 놀라요. '내가 이따위로 말하다니…' 말할 때는 표정으로도 감정이 전달되니까 의사소통이 수월해요. 같은 생각을 전화통화로 할 때와 문자로 보낼 때 다른 느낌인 것처럼요.

유튜브는 말을 잘하는 사람만 하는 도구가 아닙니다. 연예인만 하는 것도 아니고요.

"살 빼고 할게요."

"제가 말을 잘 못해서요."

"준비 중입니다."

친구와 카페에서 수다 떨 수 있는 대화능력이 있고 휴대폰으로 사진을 찍을 수 있으면 누구나 유튜브를 할 수 있어요. 유튜브 촬영 장비 사려고 검색할 시간에 영상 하나라도 찍어 보시겠어요? 저는 아직도 대부분의 영상을 휴대폰으로 촬영해요. 3만 원짜리 스탠드 마이크를 주로 사용하고요.

유튜브를 하다보면 말도 잘하게 되요. 즐겁게 하다보면 관리가 돼서 살도 빠지겠죠? 안 빠지면 어때요. 본질은 살이 아니라 나의 메시지입니다. 준비하고 시작하지 말고, 시작하면서 준비하는게 핵심이에요.

 유튜브로 일어난 기적

1. 기업 출강 문의가 들어온다

강의 섭외담당자에게 물어봤어요. 어디서 저를 찾아냈냐고요. 대부분 블로그로 먼저 확인하고, 유튜브까지 찾아봤다고 하더라고요.

"책 리뷰 잘 봤습니다. 책과 같은 주제로 강의를 부탁드려도 될까요?"

〈5년 후 나에게 Q&A a Day〉 북리뷰 영상을 보고 대기업에서 연락이 왔어요. 40분 강의를 위해 제주도로 날아갔습니다. 강의 주제는 〈꿈 리스트〉 작성이었습니다. 제 꿈 리스트에는 '대기업에서 강의하기'라고 적혀있었거든요. 소름 돋지 않나요? 그 꿈을 이룬 곳에서 〈꿈리스트 작성법〉 강의를 했으니 말이죠.

2. 지구 반대편의 한명에게 도움이 된다면...

누군가에게 도움이 된다는 사실 하나만으로도 충분합니다. 내가 새롭게 알게 된 정보를 오분 내외로 촬영해서 올립니다. 그 영상은 돌고 돌아 갈급했던 누군가에게 문제를 해결할 힘을 줍니다. 지금도 몇 년 전에 올려놓은 영상에 댓글이 남아요.

"꼭 필요했던 정보인데 올려주셔서 감사합니다."

그날 하루는 뭘 해도 기분이 좋습니다. 얼굴도 모르는 누군가에게 나라는 사람이 도움을 줬다는 사실이 행복해요.

3. 기획자의 눈이 생긴다

블로그나 유튜브 등 SNS를 추천하는 이유입니다. 내가 말하고 싶은 것을 사람들이 보고 싶은 콘텐츠로 만들어내는 것! 기획자, 편집자, 큐레이터, 크리에이터 어떤 단어도 좋습니다. 눈에 보이지 않는 대상자와 대화하며 그들에게 텔레파시를 보내는 기쁨을 누려보세요.

그럼에도 유튜브가 부담된다면, 목소리만 녹음해서 올리는 〈팟빵〉도 있으니 도전해보시겠어요?

책 먹는 여자 유튜브 보러가기

책 추천

《**크러쉬 잇! SNS로 열정을 돈으로 바꿔라**》게리 바이너척, 천그루숲, 2019년
《**콘텐츠가 전부다**》노가영, 조형석, 김정현 저, 미래의창, 2020년

6
인스타그램

    1인 기업가라면 사람이 많이 있는 곳에 가서 그들의 관심사를 살피는 것이 좋아요. 블로그는 대부분 사진과 글이 섞여서 호흡이 길게 읽힐 수밖에 없어요. 인스타그램은 어떤가요? 사진 한 장에 자신이 말하고자 하는 주제를 표현해야 해요. 글보다는 이미지가 기억에 남는 것도 한 몫 하고요.

    "인스타그램은 젊은 아이들이나 하는 것 아닌가요?"

    "어떻게 시작해야 할지 모르겠어요."

    저는 저질러놓고 수습하는 스타일이라서 잘 모르는 SNS도 먼저 개설부터 하는 편이에요. 그러면서 하나씩 배우는거죠. 약 7년 정도 인스타그램을 해본 결과 젊은 아이들의 전유물이 아니더라고요. 소통하고 싶은 사람들의 공간이에요. 예전에 아이러브스쿨이라는 사이트 기억나세요? 초등학교 동창생(첫사랑) 찾기 붐이였죠. 페이스북에서는 알 수도 있는 친구라며 추천해주는 알고리즘도 있고요. 사람은 누구나 연결되고 싶어 해요. 그런 면에서 인스타그램은 단순하면서도 효과만점이에요.

 책 먹는 여자는 인스타그램을 어떻게 활용할까?

1. 강의 끝나자마자 단체사진 올리기

블로그의 단점을 인스타그램으로 해결해요. 인스타그램은 사진 한 장, 두세 줄의 글로 표현하면 돼요. 강의, 모임이 끝나면 바로 인스타그램에 올려요. 내가 어떤 활동을 하고 있는지 수시로 업데이트하고 있어요. 1인 기업가의 활동일지로도 활용해보세요. 최근 SNS 활동이 업데이트된 이력서라는 말도 있죠?

2. 다른 면을 보여주면서 댓글을 이끌어내기

SNS 채널마다 조금씩 다른 콘텐츠를 올리려고 해요. 유튜브, 블로그, 인스타그램을 모두 팔로우하고 있는 사람이 있다고 가정해볼까요? 같은 내용으로 도배를 하면 보기 싫을 것 같아요. 인스타그램에는 블로그에 올리지 않은 내용을 종종 올려요. 사진 한 장에 몇 줄이면 되니까 부담도 없고요. 인스타그램 친구들이 언제 댓글을 많이 남길까요? 멋진 곳에서 여행하는 모습, 맛있는 음식, 책 읽는 모습 모두 아니에요. 아프거나 힘들어서, 또는 실수해서 속상해할 때 댓글을 많이 남겨요. 왜 그럴까요? 공감하기 때문 일거예요. '그래. 너도 나와 같은 사람이구나.'라는 생각이 들면서 마음이 열리죠. 그래서 인스타그램에는 짧은 글이라도 꾸미지 않고 표현하려고 해요.

3. 콘텐츠 벤치마킹하기

사람이 많은 곳에 돈도 모여요. 거기에서 어떤 상거래가 이뤄지는지 보면서 아이디어를 얻기도 해요. 좋아요를 많이 받는 피드에 머물면서 문구와 사진을 살펴보기도 하고요. 광고로 올라오는 상품들은 어떤 식으로 구성됐는지 봐요. 사진중심의 플랫폼이라서, 홍보 문구나 포스터를 보면서 배우기도 한답니다.

1인 기업을 하려면 〈블로그〉를 빼놓을 수 없다고 했는데요. 아직 마음의 준비가 안 됐다면, 인스타그램으로 시작해보세요. 이 책은 당신을 위한 책이에요. 한 권의 책에서 지금 당장 오늘, 할 수 있는 일 하나만 찾아내도 좋아요. 첫 시작을 인스타그램으로 해보시겠어요?

bookeatgirl ∨ ●

프로페셔널 대시보드 보기

2,866	9,023	4,159
게시물	팔로워	팔로잉

책먹는여자 1인기업 도구마스터 최서연 작가
개인 블로그
💙풍요로운 성장을 돕습니다. 더빅리치 컴퍼니
#1인기업 #작가 #유튜버 #책먹는여자 #마인드맵#3p바인더
◎책먹는여자 강의 일정 & 스마트스토... 더 보기
blog.naver.com/kcleo529/221716219244

책 먹는 여자 인스타그램 홈(@bookeatgirl)

 책 추천

《**보여줘라, 아티스트처럼**》오스틴 클레온 저, 중앙북스, 2014년
《**훔쳐라, 아티스트처럼**》오스틴 클레온 저, 중앙북스, 2020년

7
인터뷰

> **인터뷰 【Interview】**
> 특정한 목적을 가지고 개인이나 집단을 만나 정보를 수집하고 이야기
> 를 나누는 일
>   표준 국어대사전

   〈인터뷰〉하면 뭐가 떠오르나요? 유명인사와 리포터의 장면이 생각나죠? 저도 그랬어요. 인터뷰라고 하면 나와 맞지 않는 형식의 만남이라고 여겼죠. 유튜브를 시작하면서 생각이 바뀌었어요. 책을 읽다가 만나고 싶은 작가가 있으면 이메일을 보냈어요. 평상시 존경하던 기업의 대표에게도 인터뷰를 요청했어요. 남들보다 수월하게 인터뷰를 진행할 수 있었던 것은 〈유튜브〉라는 도구덕분이에요.
   "커피 한 잔 해요."

흔히 우리는 만나고 싶은 사람이 있으면 커피 한 잔 마시자는 말을 해요. 물론 그 말에는 당신에게 할 말이 있다거나, 무엇인가 도움이 필요하다는 뉘앙스도 담겨있죠. 저는 그럴 때 인터뷰를 요청해요.

"대표님의 사업에 대해 궁금한 것이 있습니다. 최근 A라는 상품을 내놓으셨는데 기획 목적, 홍보 등 어떻게 진행하시는지 몇 가지 질문 드리고 싶습니다. 인터뷰는 영상촬영 후 유튜브에 업로드 될 예정인데 괜찮으신지요?"

간단히 말하면 저런 형태로 연락을 주고받습니다. 유튜브 촬영이 처음이라 당황한 분도 있지만 모두 즐겁게 촬영해주셨어요. 인터뷰 질문은 내가 묻고 싶은 말과 상대방이 듣고 싶은 질문이 같아야 합니다. 그가 말하고 싶은 것을 질문으로 만들어내는 게 포인트이죠. 인터뷰라는 도구를 통해서 커피 한 잔보다 깊은 대화를 나눌 수 있습니다. 어떻게 보면 일대일코칭이라고도 볼 수 있죠. 유튜브 영상 업로드를 통해서 인터뷰 대상자의 사업을 홍보까지 해줄 수 있으니 일거양득이에요.

 책 먹는 여자의 인터뷰 꿀팁

1. 밑작업하기
인터뷰할 대상자가 작가라면 책을 먼저 읽고 블로그나 유튜브에

북리뷰를 올립니다. 인터뷰를 요청할 때 미리 작업해놓은 SNS 링크를 같이 보내면 효과 만점이에요.

2. 인터뷰는 최대한 정중하게 요청하기

당연한 말처럼 들리죠? 저도 인터뷰를 받아봤는데, 그렇지 않은 분도 있더군요. 이 글 아래 책 먹는 여자가 인터뷰 요청하는 멘트를 남겨둘게요.

3. 인터뷰가 끝난 후 감사메시지 보내기

사람과 사람이 만나는 일은 시작과 끝이 중요합니다. 인터뷰가 끝난 후 집에 돌아가는 길에 감사인사를 보내보세요. 또는 인터뷰 후기를 블로그나 인스타그램에 올리고 링크와 함께 문자를 전송하면 남다른 사람으로 보일거예요.

안녕하세요.
유튜브에서 책 먹는 여자TV를 운영하고 있는 최서연입니다.

작가님의 신간을 읽고 1인기업 운영에 있어 도움을 받았습니다.
다른 분들께도 추천하고 싶어서 유튜브 영상도 촬영했답니다.
URL :

책을 읽을수록 작가님을 꼭 뵙고 싶다는 생각이 들어 기쁜 마음으로 이 메일을 드리게 되었습니다.

정중히 인터뷰를 요청 드리고자 합니다.

가능한 일정 : ~~~~~ *약 2-3개 미리 선별*

일정이 가능하시다면, 미리 준비한 질문을 보내드리고자 합니다.
인터뷰는 영상을 촬영하여 유튜브를 통해 책 먹는 여자 구독자분들과 함께 하고 싶습니다.

현재까지 약 70번 인터뷰를 진행했습니다.
귀한 시간 내어주신만큼 잘 준비해서 편안하고 즐겁게 인터뷰 준비해 보겠습니다.
감사합니다.

최서연 드림.

5회: 〈누구나 한 번은 집을 떠난다〉 저자 **도연스님**

30회: 〈물건을 팔지 말고 가치를 팔아라〉 저자 **조기선 대표**

33회: 〈성과를 지배하는 바인더의 힘〉 저자 **강규형 대표**

39회: 〈계단을 닦는 CEO〉 저자 **임희성 대표**

46회: 〈절대 긍정〉 저자 **김성환 작가**

59회: 〈엄마, 주식 사주세요〉 저자 **존리 대표**

8
독서 모임

1인 기업이라고 하면, 거창하게 생각하는 경우가 많은데요. 무슨 일이든 도전하고 시작한다면 그것이 곧 1인 기업이지 않을까요? 멋진 아이디어, 끝내주는 기획도 필요 없어요. 읽은 책 중, 한 번 더 보고 싶은 책 있나요? 혼자 읽기 아까워 누군가와 이야기 나누고 싶은 책도 있겠죠? 좋아요. 그런 책으로 독서 모임을 시작하면 됩니다.

 ## 독서 모임을 하면 좋은 이유

1. 책 읽는 사람들을 만날 수 있다

책 읽는 사람이 드문 시대입니다. 독서 모임에 나오는 사람이라면 배움의 욕구, 자기 성장의 열망이 가득할 겁니다. 몇 년 동안 알았던 친구보다 처음 만난 독서모임 회원들과 더 깊은 대화를 나눌 수도 있어요. 회원들과 책 이야기를 하다 보면 아이디어가 샘솟아요. 다른 프로젝트를 기획할 때 도움이 된답니다.

2. 독서 모임 리더가 최대의 수혜자다

『독서 모임 리더 과정』을 운영하고 있어요. 수강생들에게 왜 독서 모임을 운영하고 싶은지 질문을 던집니다.

"참가자들이 변하는 모습을 보고 기뻐서요."

"제가 읽고 좋았던 책을 함께 나누고 싶어서요."

네, 공감해요. 저도 그랬거든요. 2017년 7월 '보화'라는 이름으로 보험설계사 독서 모임을 시작했어요. 그 후로 약 15개 이상의 콘셉트로 독서 모임을 운영했습니다. 지금도 한 달에 20회 이상 독서 모임을 운영하고 있어요. 제가 왜 독서모임을 운영하는지 아세요? 행복하기 때문이에요.

독서 모임 리더는 선정 도서를 꼼꼼하게 읽게 되고요. 회원들과 이야기 나눌 발제문을 뽑으면서 생각하는 힘도 길러져요. 모임을 준비하는 과정에서 타인과 소통하는 방법도 하나씩 배우게 됩니다. 독서 모임 리더의 자리에서 성장의 맛을 느껴보시면 좋겠어요.

3. 다름을 배운다

독서 모임을 통해서 배웠어요. 같은 책을 봐도, 똑같은 구절을 읽어도, 살아온 방식에 따라 받아들이는 정도가 다르다는 걸요. 처음 독서 모임 참석한 날이 기억나요. 앤절라 더크워스의 《그릿》이란 책이었는데요. 저는 관심조차 가지지 않았던 문장을 통해 어떤 회원은 깨달음을 얻었다고 했고요. 제가 밑줄 그은 문장에서 저와는 다른 감동을 받은 회원도 있었습니다. 독서 모임에 참여해보지 않았다면 내 생각과 다르다는 이유로 그 사람이 '틀렸다'고 말했을 거예요. 이제는 다름을 배우기 위해 독서 모임을 꾸립니다.

아직은 독서 모임 운영에 대해서 감이 오지 않나요? 괜찮아요. 운영이 어렵다면 일단 참여부터 해보세요. 온라인, 오프라인 다 괜찮아요. 참여하면서 지켜보세요. 어떤 식으로 운영되는지, 회원들이 독서 모임을 통해 무엇을 얻는지 살펴보세요. 그러다 어느 순간, '나도 독서 모임 리더가 되고 싶다.'는 느낌표가 생겨날 거예요. 그때 시작해도 늦지 않습니다.

📚 독서 모임 시작할 때 읽어보면 좋을 책

《간호사 독서모임 해봤니?》 최서연 공저, 포널스출판사, 2019년
《독서에 美친 사람들》 김의섭, 바이북스, 2019년
《독서모임 꾸리는 법》 원하나, 유유, 2019년

9
책쓰기

보험설계사 6개월 차에 자이언트 북컨설팅 이은대 작가님의 글쓰기 수업을 들었어요. 블로그에 보험 관련 글을 잘 쓰면 상담문의가 올 거라는 기대감이 있었어요. 수업을 들을수록 책을 써야겠다는 생각이 들었어요. 그저 매일 써야 할 분량을 적어내기만 하면 됐어요. 그날 있었던 일을 적기도 하고, 어렸을 적 추억이 생각나면 기억나는 대로 기록했어요. 2016년 11월 수업 시작, 2017년 1월 초고완성 및 계약, 2017년 7월 첫 책이 출간됐어요.

시중에 나와 있는 보험 책은 대부분 억대연봉의 성공한 세일즈맨들이 쓴 글이었어요. 저는 1년도 안 된 신입 보험설계사인데 경쟁력이 될까 싶었죠.

"최작가는 간호사 출신이라 스토리가 있어요. 다양한 경력을 가진 사람이 왜 보험영업을 시작했는지 이야기하는 것만으로도 좋습니다."

출판사 대표와 미팅 후 출간 계약하던 날이 생생해요. 내가 작가라니... 그저 매일 썼을 뿐인데 이런 일이 생길수가 있구나 싶었죠. 보험영업을 하며 고객에게 명함 대신 책 선물을 했습니다. 책표지의 사진과 저를 번갈아보며 책도 쓰는 사람이었냐며 놀라더라고요. 영업을 하면서 두 권의 책을 더 출간했어요. 독서에세이와 독서모임 관련 책으로요. 출간한 주제에 미쳐있을 때마다 책을 썼어요. 지금 여러분이 보고 있는 이 책도 마찬가지예요. 현재 저는 1인 기업에 미쳐 있습니다. 온 마음을 다해 글을 적어내려 갑니다.

 ## 1인 기업가 책을 쓰면 좋은 이유

1. 나를 보여주는 도구다

주변에 작가가 있나요? 그들은 누군가 TV나 유튜브를 볼 때 책상 앞에 앉아 글을 썼습니다. 포기하지 않았죠. 그 하나만으로도 대단한 거예요. 당신도 포기하지 않고 글을 쓰는 멋진 사람이라 믿어요.

누군가를 만나 짧은 시간에 내가 살아온 과정과 어떻게 살고 싶은지 한바탕 쏟아내기란 쉬운 일이 아닙니다. 나를 보여주는 도구, 책

쓰기에 도전해보시겠어요?

2. 시간을 줄여준다

1인 기업을 준비하는 사람들에게 책 쓰기를 권합니다.

"내가 무슨 책이에요? 에이. 나는 아직 멀었어요."

네. 멀었으니까 지금 책을 쓰면 좋겠습니다. 책 한권으로 베스트셀러 작가가 돼서 돈방석에 앉겠다는 꿈을 꾸자는 것이 아니에요. 우리는 피플 비즈니스를 하는 사람들입니다. 동일 조건의 강사라면 책을 쓴 사람을 우대해서 기업에서 불러줍니다. 그저 당신의 이야기만 적으면 됩니다. 책이 몇 권이 팔렸냐는 차후문제예요. 당신이 책을 쓰냐 안 쓰냐가 중요하죠. 책이란 도구는 내가 가는 길에 감초 같은 역할을 해준답니다.

3. 동종업종 컨설팅이 가능하다

예를 들어 당신이 네일샵을 운영한다고 생각해보죠. 네일샵 창업, 홍보, 손님과 있었던 이야기를 두세 권으로 출간했습니다. 자. 그럼 어떤 일이 일어날까요? 다른 네일샵 원장이 책을 어떻게 썼냐고 물어봅니다. 그럼 당당하게 컨설팅 비용을 요청하고 알려주세요. 기록를 통해 동종업계 다른 사람의 성장도 돕는 선순환 결과가 됩니다. 멋지죠?

책 추천

《**대통령의 글쓰기**》 강원국, 메디치미디어, 2017년
《**뼛속까지 내려가서 써라**》 나탈리 골드버그, 한문화, 2018년
《**책쓰기**》 이은대, 바이북스, 2020년

10
강의

1인 기업가라면 누구나 읽어봐야 할 책으로 브렌든 버쳐드의 《백만장자 메신저》를 추천해요. 3년 전에 이 책을 봤을 때는 '내가 정말 할 수 있을까'라는 두려움과 '나도 메신저가 되고 싶다'라는 열망이 공존했어요. 두려웠지만 기대감이 컸기에 하나씩 실천하다보니 저도 메신저가 됐어요. 메신저가 되는 방법 중 이번에는 강의에 대해서 이야기해 볼게요.

강의의 사전적 정의는 '학문이나 기술의 일정한 내용을 체계적으로 설명하여 가르침'을 뜻합니다. 내가 아는 한 개의 정보가 누군가에게 절실한 도움이 될 수 있는데 대부분의 사람들은 자신을 과소평가해요.

"에이. 내가 무슨…"

강의는요. 꼭 세바시처럼 TV에 출연한다거나, 대학 강단에서만 하는 것은 아니에요. 저처럼 블로그에 기록하는 것도 내가 아는 것을 알려주니까 강의이고요. 유튜브는 내 방송국에서 진행하는 강의라고 편하게 생각해보세요. 그러면 정말 우리가 아는 강의를 하게 됩니다. 꾸준히 연습해봐야 기회가 왔을 때 잡을 수 있거든요.

기회의 여신 비유를 좋아해요. 기회의 여신 모습을 인터넷에서 검색해보시겠어요? 앞머리는 풍성한데 뒷머리는 없어요. 등과 발에 날개가 달려있죠. 기회를 잡아야 한다는 건 기회의 여신 앞머리를 움켜잡으라는 말입니다. 그렇지 않으면 맨들거리는 뒷머리도 잡을 수 없어요. 날갯짓하며 멀리 도망가버리기 때문이죠.

당신이 강의를 하면 좋겠습니다. 메신저는 전달해주는 사람이잖아요. 전달의 도구가 강의가 될 수 있어요.

 강의를 첫 시작하는 당신에게 당부하고 싶은 것

1. 한 명이 와도 합니다

저도 초창기에는 인원수 미달로 몇 번의 폐강을 했는데요. 지금 생각해보면 그러지 말았어야 했어요. 수강생 한 명도 나의 도움이 필요한 사람이잖아요. 한 명을 감동시키는 것부터 시작해주세요.

2. 있는 그대로 보여주세요

잘하려고 애쓰는 노력과 모르면서 아는 척 하는 건 다릅니다. 수업 중에 수강생이 물어보는 질문에 모르면 모른다고 답합니다. 그럼 수강생이 더 놀라더라고요.

"질문주신 부분은 제가 정확히 모릅니다. 월요일에 본사 통해서 알아보고 다시 말씀드려도 될까요?"

"이 기능은 제가 활용해보지 않았습니다. 주말에 테스트해보고 연락드려도 될까요?"

3. 스피치 스킬보다 스토리텔링에 집중하세요

"웅얼거리지 말고 이야기해라"는 엄마의 잔소리를 자주 들었어요. 자신감도 없었고 말하는 것도 좋아하지 않았기 때문이죠. 말하는 게 싫었어요. 말해도 또 엄마한테 혼나기나 할 테니까요. 2015년 폐쇄성 수면무호흡증으로 큰 수술을 받았어요. 혀가 길어 기도를 막을 수 있다고 해서 혀를 잡아당겨 턱에 박았다고 해요. 짧아진 혀는 발음에 문제를 일으켰어요. 이런 내가 강의를 할 수 있을까 싶었죠. 결론부터 말하면 큰 문제가 없었습니다. 막상 강의를 하다보면 몰입하게 돼서 발음에는 신경 쓰지 않게 되었고요. 수강생들도 외적인 부분보다 열정이나 강의 내용에 초점을 맞춰서 좋게 봐줬어요.

결론은 스토리텔링이었습니다. 왜 이 강의를 하는지, 수강생에게 무엇을 알려주고 싶은지, 그들이 강의장을 나갈 때 머릿속이나 가슴 속에 무엇을 품고 갈 것인지 미리 보여주는 것이 중요합니다.

11
감사일기

　일기를 쓴지 800일이 되어갑니다. 이 책이 당신의 손에 있을 때는 1000일이 되어있을까요? 우리가 책으로 만날 날을 기대하며 써내려 가요.

　팀 페리스 《타이탄의 도구들》을 두 번쯤 읽었을 때였죠. 강박적 기록수집가 팀 페리스는 매일 일기를 쓴다고 했어요. 타이탄들도 일기를 쓰는데, 나도 써야겠다 마음을 먹었죠. 자기 전 흰 종이를 꺼내어 일기를 적기 시작했어요. 적다보니 그날 있었던 일에 대한 불평, 불만, 후회, 자책의 흔적들만 가득하더라구요. 물론 줄리아 카메론은 《아티스트 웨이》에서 모닝페이지를 통해 다 쏟아내라고 했지만 며칠을 더 적다가, 이건 아니다 싶었죠.

　문득 '감사일기'가 떠올랐어요. 블로그 이웃들이 매일 적던 감사일기! 그리고 다시 책을 보니, 자기 계발서 곳곳에서 〈감사〉라는 단어가 보이기 시작했습니다. 어렸을 적 목사님 설교말씀도 생각났어요. 에모토 마사루의 《물은 답을 알고 있다》 책도 다시 봤어요.

"감사한 상황이 아니어도, 감사하는 마음을 가지고 감사하다고 말해보세요."

이해가 안 됐어요. 말이 되나요? 감사하는 상황이 되어야, 그런 말도 할 수 있는거 아닌가요? 이제는 감사라는 단어를 하루에도 몇 백 번씩 내뱉어요. 매일 주고받는 메시지의 끝도 항상 감사인사로 마무리를 하고요.

감사 키워드를 만나고, 일기를 제 형태로 수정했어요. 아침에 일어나서 하루를 시작하기 전 5분 정도 적습니다. 하루를 마무리하고, 자기 전 5분이면 충분해요. A5사이즈 하루감사일기는 아침감사와 저녁감사로 구분돼 있어요.

일어나자마자 그날의 기분을 그대로 적습니다. 놓치고 싶지 않은 꿈도 매일 적으면서 시각화합니다. 하루를 어떤 기분으로 살지 결정하는 시간이 행복해요. 그날 중요한 일정도 적으면서, 우선순위를 상기할 수 있죠. 저녁에는 내가 가장 잘한 일을 적으면서 스스로 칭찬을 해줍니다. 만났던 사람 중에서도 고마운 사람 이름도 적어요. 하루 10분이면 충분해요.

자. 다시 이야기해볼까요? 1인 기업을 하는 사람에게 왜 감사 일기를 쓰도록 권하는 걸까요? 매일 스스로 일정을 관리하고 보호막 없이 세상에 부딪히며 일하는 당신은 소중한 사람이에요. 보람된 일

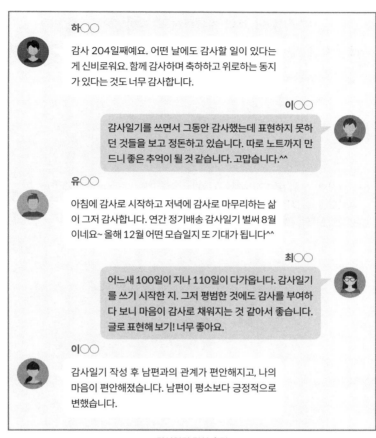

감사일기 작성 후기

도 있지만 유리처럼 산산조각 깨지는 날도 많죠. 나를 위한 보호장치
없이 세상으로 뛰쳐나갈 건가요?

감사 일기는 기도, 명상과 비슷한 효과도 있어요. 누구의 방해도
받지 않고 자신과 대화를 하며 일기를 쓰게 돼요. 감사한 것을 세어

보기위해 가만히 있다 보면 차분해지죠. 매일 나를 위한 마음 알약 하나씩 같이 먹어요. 감사 일기는 1인 기업가들에게 눈에 보이지 않는 강력한 마법의 가루예요.

 책 추천

《**평생감사**》 전광, 생명의 말씀사, 2007년
《**감사하면 달라지는 것들**》 제니스 캐플런, 위너스북, 2016년
《**최고의 변화는 어디서 시작되는가**》 벤저민 하디, 비즈니스북스, 2018년

나는 나를 사랑한다

하루감사일기

오늘	날짜	기상시간	감사일기 회차

시작

— 오늘의 기분 : _____

— 꿈리스트 하나 적기 : _____

아침

— 내가 감사하게 여기는 것

1. _____
2. _____
3. _____

— 오늘 가장 중요한 일 : _____

— 오늘의 다짐 한마디 : _____

저녁

— 오늘 내가 가장 잘한 일 : _____

— 오늘 감사한 사람은?

이름 : _____

이유 : _____

— 오늘 읽은 책 중 가장 인상 깊은 구절 하나

_____

_____

_____

_____

나는 힘차게 상승 중이다

12
롤 모델

> **롤 모델 [Role Model]**
> 자기가 해야 할 일이나 임무 따위에서 본받을 만하거나 모범이 되는 대상
>
> 국어사전

"책 먹는 여자의 롤모델은 누구인가요?"라는 질문을 받습니다. 저 또한 유튜브 인터뷰를 진행하면, 묻는 질문 중 하나죠. 이번에는 당신에게 묻고 싶어요.

"당신의 롤모델은 누구인가요?"

평상시 닮고 싶다거나, 만나보고 싶은 사람이 있었나요? 저는 롤모델이 많아요.

책 먹는 여자 롤모델 리스트

① 글쓰기　자이언트북컨설팅 대표, 이은대 작가

② 1인 기업 경영　한국경영리더십컨설팅 대표, 김형환 교수

③ 시간관리 3p바인더　3p자기경영연구소 강규형 대표

④ 씽크와이즈 마인드맵　심테크 정영교 대표

⑤ 여성 리더십　《언니의 독설》MK유튜브대학 김미경 작가

⑥ 1인 기업 도구　《타이탄의 도구들》팀 페리스

롤모델이 한 명일 필요는 없습니다. 꼭 만날 수 있는 사람이어야 하는 것도 아니고요. 글쓰기가 막막하면 이은대 작가님에게 연락을 합니다. 전화하기 전에는 답답하고 해결하기 어려운 문제였는데요. 전화만 끊고 나면 속이 시원해집니다. 1인 기업을 하면서 '여기까지가 끝인가' 싶을 때는 김형환 교수님에게 상담을 요청합니다. 따끔하게 혼나고 싶을 때는 김미경작가님 유튜브를, 통찰력이 필요할때는 팀 페리스의 책을 펼칩니다.

우리에게 필요한 것은 도움 받을 명단입니다. 도움이 필요할 때는 손 내미는 것도 지혜더라고요. 초등학교 4학년 때 아빠의 죽음을 겪었고 스무 살 후반 서울에 올라와 독립하면서 도움 받는 법을 잊어버렸습니다. 무조건 혼자서만 해내야 한다고 착각했죠. 아파도 내뱉지 않고 속으로 삼켰어요. 붙잡고 울 사람이 없어 살을 꼬집으며 참았습

니다. 그게 어른인 줄 알았어요.

"언니는 왜 힘들다는 말을 안 해?"

친한 후배의 한마디가 저를 바꿨습니다. 힘들 때도, 부족한 내 모습일 때도 감추지 말기로 했어요. 대신 상처에 약을 발라주기로 했죠. 만날 수 없는 사람은 책을 통해 지혜를 구했고요. 연락이 되면 직접 만나서 조언을 구하기도 했습니다. 숫기가 없어도 괜찮아요. 유튜브가 있잖아요. 만나고 싶은 사람의 유튜브를 보세요. 도움이 된답니다. 강력한 방법 하나 알려드릴까요?

'그 분이라면 어떻게 했을까?'

해결해야 할 문제가 있을 때, 롤모델을 떠올리며 질문해요. 밑져야 본전입니다. 한번 해보세요.

📚 **책 추천**

《내가 글을 쓰는 이유》 이은대, 슬로우래빗, 2016년
《성과를 지배하는 바인더의 힘》 강규형, 스타리치북스, 2013년
《죽어도 사장님이 되어라》 김형환, 엔타임, 2010년
《그대, 스스로를 고용하라》 구본형, 김영사, 2005년

13
망고보드(이미지 템플릿 사이트)

"망고보드로 무엇을 할 수 있을까요?"

망고보드는 웹사이트에서 누구나 쉽게 디자인 콘텐츠를 만들 수 있는 플랫폼입니다. 망고보드에서는 템플릿과 사진, 아이콘, 일러스트 이미지, 폰트, 동영상 소스 등이 제공되고 있으며(매주 업데이트) 저작권 걱정 없이 사용할 수 있습니다. 망고보드를 사용하여 카드뉴스, SNS, 상세페이지, 포스터, 인포그래픽, 프레젠테이션, 배너, 유튜브썸네일, 유튜브채널아트, 현수막, 명함, X배너 등 다양한 디자인 콘텐츠와 동영상, 그리고 애니메이션 GIF까지 만들 수 있습니다.(PC에서 사용 가능)

<망고보드 홈페이지 내용 참고>

모든 것은 타이밍이 있다는 말이 있죠? 망고보드가 그랬어요. 2~3년 전부터 망고보드 추천을 받았어요. 쉽다고 하는데 쉬워 보이

지 않았어요. 포스터를 만들어 강의모객을 했어요.

몇 차례의 수업도 듣고 복습을 하면서 기능을 익혀갔어요. 유튜브 섬네일, 블로그 대표이미지, 인스타그램 카드뉴스 등 망고보드를 만나고 시간절약은 물론이고 콘텐츠까지 업그레이드 됐어요. 여러분의 삶에도 망고보드를 장착해보세요. '왜 이걸 이제야 알았을까?' 싶은 마음이 분명 드실거예요. 디자이너 한 명 무료로 고용하세요.

망고보드 이미지 템플릿 샘플

망고보드의 장점

1. 파워포인트보다 100배 쉽다
원하는 템플릿을 선택 후 글씨만 바꾸면 된다.

2. 디자인 업데이트가 빠르다
사회이슈에 맞은 템플릿이 자주 올라와 적재적소에 사용할 수 있다.

3. 저작권 걱정이 없다
파워포인트로 작업하다보면 폰트, 이미지 등 저작권 무료 이미지를 찾느라 시간이 더 걸린다. 망고보드는 무료버전에서 워터마트가 들어가지만, 저작권 걱정 없이 쓸 수 있다.

망고보드와 비슷한 플랫폼으로 미리캔버스, Canva가 있어요. 사용하기 편한 플랫폼으로 활용해보세요.

미리캔버스 사용법 영상 보기

3장

오늘부터 1인 기업

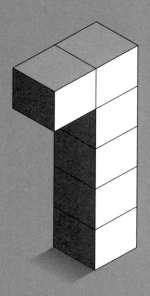

1
나도 1인 기업을 할 수 있을까?

〈1인 기업〉이라는 말을 알지 못할 때도 모든 사람은 세일즈를 한다고 생각했어요. 보험설계사만 영업을 하나요? 아니요. 6살 어린아이도 세일즈를 합니다. 자신이 먹고 싶은 과자를 먹기 위해서 엄마한테 잘 보이려고 심부름도 하고요. 과자 앞에서 얼쩡거리며 엄마에게 눈빛을 보내기도 합니다. 의사는 치료만 한다고요? 아니요. 의사도 세일즈를 합니다. 환자가 자신을 믿고 치료에 전념할 수 있도록 공감해주고 필요한 정보를 줍니다. 이 모든 것이 세일즈라고 생각해요.

그럼 직장인은 1인 기업이 될 수 없을까요? 가능해요. 상사의 장단점을 파악하고 상사가 기분이 좋을 때 보고서를 제출한다거나, 상사가 원하는 보고서를 작성하기 위해 끊임없이 노력하는 것도 세일즈의 하나라고 봐요.

내가 나를 대표해 소득을 창출하고 있다면 그것으로 필요조건이 된다고 봐요. 즉, 마음가짐 하나만으로도 당신은 이미 1인 기업가입니다.

 이런 분이라면 1인 기업을 시작해보세요

① 내 능력보다 월급이 적다고 생각하는 사람

② 주어진 일보다 스스로 일을 만들 때 행복한 사람

③ 좋아하는 일로 돈 벌고 싶은 사람

④ 자기관리를 잘하는 사람

⑤ 스스로 소득을 창출하고 싶은 사람

⑥ 무엇이든 배울 마음이 있는 사람

2
도구 사용에 대한 두려움 극복하기

어떤 일이든 손에 익을 때까지는 어렵습니다. 충분한 시간과 노력을 투자하는 것도 쉬운 일이 아니고요. 뭔가를 배웠다고 해서 당장 삶이 바뀌는 것도 아닙니다. 모르고도 잘 살았는데, 이제 와서 배워야 하나 싶기도 하죠. 해야 할 필요성보다 하지 않아도 될 핑계와 변명이 많아집니다.

두려움과 기대는 종이 한 장 차이라고 생각해요. 할까 말까 결정하기 전까지는 두려움이라는 괴물이 우리의 에너지를 갉아먹어요. 그런데 희한하죠. 결정을 내리고 나면 두려움이란 적은 기대감이란 친구로 바뀌니까요. 저는 두려움을 이용하기로 했어요. 불편함이나 두려움이 있다면 제가 해야 하는 일로 인식하고 단호하게 결정 내려요. 기대하는 마음으로 기획안을 짜거나 블로그에 글을 써요. 혼자 결정해서 열정이 시들해지지 않도록 〈선언〉을 해 버리는 거죠. 손정의 회장은 '발표 경영'이라고 표현했어요. 언제까지, 무슨 강의를, 어떤 식으로 진행하겠다며 포부와 계획을 올립니다. 나와의 약속은 지키기 어렵지만, 타인과의 약속은 지키기 위해 노력하니까요.

 두렵지만 매일 도전하는 '책 먹는 여자'의 극복 팁

1. 정말 몰라도 괜찮은 걸까?

마인드맵 프로그램 씽크와이즈를 만난 첫날이 생생해요. 강남 스터디 룸에서 박현근 코치에게 수업을 받았어요. 프로그램 설치 후 몇 번의 작업으로 마인드맵이란 것이 만들어졌습니다. 화가 났어요. 왜 이제야 알았는지 짜증이 밀려오더라고요.

'진작 알았다면 얼마나 좋았을까?'

24시간을 쓰는 것은 똑같습니다. 같은 목적지를 향해 걸어가는 사람이 있는가 하면, 지하철 타는 사람, 택시 이용하는 사람 있기 마련입니다. 당신이 지하철이나 택시를 타고 가는 사람이면 좋겠어요. 목표가 있는 사람들에게 〈도구〉는 시간을 아껴주니까요.

2. SNS를 이렇게 활용해보면 어떨까?

프로젝트나 강의를 기획하다 보면, 상품성에 대해 고민이 돼요. 팔려야 하니까요. 혼자 고민해봤자 답이 없더라고요. 이럴 때 블로그에 글을 써요. 강의 콘셉트와 내용 등을 공유하면서 수요가 있는지 확인해보는 거죠.

3. 두려움이 나쁜 것일까?

도전 앞에서 두려운 마음이 들면 이겨내기 위해 노력했어요. 자책하기도 했죠. 내가 이 정도 밖에 안 되나 싶어서요. 남들은 잘만 해내는데 나만 멈춰있는 것 같아 속상했고요. 두려운 감정을 부정적으로 받아들인 거죠.

두려움이 나쁜 것인가요? 그렇지 않아요. 두려움은 우리를 성장하고 도전하게 해주는 판도라의 상자에서 튀어나온 감정이에요. 관심 없는 일에 두려운 감정을 갖는 사람은 없습니다. 두려움은 없애야 할 대상이 아니라 인정하고 받아들여야 하는 자극입니다. 맛있는 음식을 보면 먹고 싶고, 멋진 장소에서는 사진을 찍고 싶듯이 말이죠. 내 감정 중의 하나라고 인정하는 거죠. 『인사이드아웃』이라는 영화 기억나세요? 기쁨, 슬픔, 버럭, 까칠, 소심 등 다섯 감정은 모두 역할이 있어요. 이유 없이 생겨난 것은 없습니다. 팔다리가 없는 닉 부이치치는 최고의 장애는 우리 안에 있는 두려움이라고 말했어요. 두려움도 내 일부라는 사실로 받아들이고, 그 감정을 연료로 삼아 어제보다 한 걸음 앞으로 나가는 것으로 충분해요.

3
상황에 맞는 도구 활용하기

못을 박아야 합니다. 망치를 가져와야 하죠? 나사를 돌려야 해요. 드라이버가 필요합니다. 처음 만나는 사람이 이름을 물어보는데 주소를 말해주면 안되고요. 톱니바퀴처럼 맞아 들어가는 삶의 지혜가 필요해요.

딱 하나만 알고 살았을 때는 그게 답인 줄 알았어요. 나는 A라고 생각했는데 상대방이 B라고 말하면 무시했죠. 지나고 보니 세상에는 A부터 Z까지 있더군요. 조금은 알 것 같아요. 100% 완벽하기보다 작품 하나를 완성하는 마음으로 매일 다듬고 지우면서 채워나가는게 삶이라는 사실을요.

마찬가지입니다. 책 먹는 여자가 사용하는 도구가 지금 당장 필요하다고 말하지 않으려고요. 이 도구만 활용해야 한다고 어깨에 힘주고 이야기하지 않을래요. 수많은 도구 중 먼저 알게 되서 사용했을

뿐이니까요. 그 중 몇 가지만 어떤 식으로 활용하는지 3가지 사례로
이야기해볼게요.

도구 이럴 땐 이렇게 써요

1. 샘솟는 아이디어를 확장하고 공유하는 방법

요즘은 책 한권을 몰아서 읽지 않아요. 매주 읽어야 할 책 리스트
를 적어놓고, 매일 정해진 분량만 읽어요. 평상시보다 읽는 페이지
는 얼마 안 되는데 깊이가 있어집니다. 천천히 읽다보니 생각이 머물
면서 머리가 돌아가요. 책을 읽다가 아이디어가 떠오르면 즉시 빈 종
이를 꺼내요. 아이디어 출처가 되는 책제목, 페이지, 메모 날짜, 어떤
프로젝트를 만들어야 할지, 대상자, 비용, 콘텐츠를 손 글씨로 적어
냅니다. 책만 제대로 읽어도 무형의 아이디어를 유형의 콘텐츠로 만
들어 낼 수 있어요.

2. 숟가락과 젓가락

숟가락은 밥이나 국을 떠먹을 때 씁니다. 젓가락은 반찬을 집을
때 필요하구요. 생각을 단순하게 하면 좋겠습니다. 비용을 들여 도구
를 배우다보면 하나에서 많은 것을 얻으려 합니다. 네. 물론 처음 배
우는 과정에서는 도구가 어떤 기능이 있는지 알아보기 위해 여러 방

법으로 활용해보기도 해요. 너무 많은 기능에 지레 겁먹고 사용하지 않은 분도 있죠. 도구 하나에 하나의 기능만 장착하는거예요. 다 버리고 본질 하나만 남기는 거죠. 욕심은 버리고 하나의 도구, 하나의 기능으로 시작해보세요. 그러다 나무줄기처럼 쭉쭉 뻗어가는 날이 분명 올거예요. 우리는 지금 나무 몸통을 키우고 있습니다.

3. 매일, 30일, 평생

시간을 통제하는 방법 중에 하나가 체크리스트를 활용하는 건데요. 어떤 것을 습관으로 만들기 위해 체크리스트를 활용해요. 인생에 한 방은 없는 것 같아요. 작은 행동이 모여 위대한 인생이 된다는 글을 봤어요. 작은 행동은 우스워서 실천하지 않는 분도 있어요. 30일만 지나도 평범에서 비범으로 바뀝니다. 성취감 때문이죠. 해냈다는 뿌듯함과 매일 시간을 들여 뭔가를 해냈다는 사실은 대단하잖아요. 도구를 잘 쓰고 싶다면 잘 쓰기 전까지 매일 꾸준히 5분이나 10분 시간을 떼어내서 연습하면 좋겠습니다. 체크리스트에 매일 O 표시가 추가될수록 성취감도 늘어날거예요.

4
반드시 성과를 창출하라

> **성과 2 【聖果】**
> 명사 불교 성자가 수행을 쌓아 얻은 진정한 과보.
>
> **성과 1 【成果】**
> 명사 이루어 낸 결실.   표준국어대사전

1인 기업을 한다는 것은 수익을 내겠다는 것입니다. 1개를 투자하면 최소 2개 이상을 내 것으로 만들어야 한다는 것이죠. 직장생활을 하다가 보험영업을 시작한 이유도 '성과'라는 단어 때문이었어요. 일은 쏟아지는데 야근을 한다고 한들 급여가 올라가는 것도 아니었어요. 인사시스템 기준으로 누군가에게 좋은 고과를 주려면 다른 사람은 상대적으로 낮은 점수를 받아야 했어요. 제로섬 게임인거죠.

언제까지 남 탓만 하기 싫어서 영업을 선택했어요. 보험사 보상팀에서 일을 하다 보니 보험영업에 대해 자연스럽게 관심을 가지게 됐어요. '아. 저거다!' 생각했어요. 내가 일한만큼 돈을 번다는 점도 좋았고요. Time Free, Money Free를 외치는 매니저의 말도 매력적이었죠. 보험설계사 신입시절에는 1000만 원도 몇 번 받아봤어요. 회사에서 보내주는 여행도 두세 번 다녀왔죠. 항상 시스템에 관심이 있던 지라 몇 년이 지나니 보험사 지급에도 불만이 생겼어요. 잔여수당을 받기 위해서 매달 최소 건수를 채워야 했어요. 말일에 어디가서 보험계약을 받나요? 그러다보면 결국 하지 말아야 할 가짜 계약까지 넣게 됩니다.

2015년 5월 1일 입사한 회사를 2020년 1월 31일 퇴사한 이유는 세 가지입니다. 첫째는 더 이상 행복하지 않았어요. 둘째는 같은 시간을 투자했을 경우 부업으로 했던 강의가 소득이 더 높았어요. 셋째는 이미 본업보다 부업에서 안정적인 소득이 창출되고 있었기 때문이에요.

1인 기업의 시작은 본업과 별개로 취미를 통해 부수입을 창출해보는 것으로 시작하면 좋습니다. 취미를 통해 돈을 벌기 시작하면 부업이라고 해요. 대신 개인 사업을 하기로 했다면, 반드시 성과를 만들어내야 해요. 〈성과〉의 정의를 찾아보니 두 가지 뜻이 나옵니다. 이룰 성, 실과 과를 먼저 볼까요? 열매를 맺자는 뜻이죠? 열매는 어떻게 맺어지나요? 줄기에 매달려있죠? 줄기는 몸통에서 뻗어납니다.

이렇게 점점 앞으로 따져나가면 결국 씨부터 뿌려야 한다는 결론에 다다릅니다. 그렇다고 씨만 뿌리면 열매가 열리나요? 좋은 토지에 씨를 뿌려야 하죠. 물도 줘야 합니다. 때맞춰 거름도 줘야 하고요. 적당한 때에 열매도 딸 수 있어야 합니다. 과일을 필요한 사람에게 팔 수 있는 방법도 알아야 하고요.

책 먹는 여자가 성과 내는 방법은 두 가지입니다.

- **첫 번째, 시작할 것**
- **두 번째, 끝낼 것**

시작하기 전 상상합니다. 기획한 상품(강의)이 필요한 사람에게 사용되어 수강생이 성장하고 행복해하는 모습을 그려요. 끝날 때의 상황을 시각화하면 미루지 않게 되구요. 슬럼프도 금방 이겨내게 됩니다. 사람들이 자신이 왜 성과가 나지 않는지에 대해 모르겠다고 이야기합니다. 성과라는 것은 또 다른 해석처럼 불교 성자가 수행을 하듯 이뤄진다고 생각해요. 모든 과정에 정성이 들어가요. 고객에게 계속 눈을 두며 그들의 마음을 움직이게 하기 위해 노력해야 하거든요.

5
자신만의 도구 최적화를 실현하라

아직 접해보지 못한 도구도 많이 있어요. 지금 활용하는 도구가 100퍼센트 완벽하다고 고집하지 않으려고 해요. 모든 기능을 다 아는 것보다, 나한테 필요한 기능 하나라도 제대로 써서 성과를 내는 게 좋다고 생각해요. 수강생들에게 "다 알아두면 언젠가 써먹겠죠?"라는 말을 자주 들어요. 몰라서 나쁠건 없겠죠. 대신 알았다면 내 것으로 만들어야 하고요. 내 것으로 만들었다면 다른 사람에게도 알려줄 수 있어야 해요.

흔히 자기계발도 중독이란 말을 해요. 불안하니까 자꾸 배우기만 하는 거죠. 이것도 알아야 할 것 같고, 저것만 배우면 이번엔 진짜 달라질 것 같다는 마음 때문이에요. 자신을 믿으세요. 나 빼고 다 잘난 사람 같아 보일 때도 있지만, 사람은 모두 다른 재능을 가지고 태어났어요. 남의 떡이 커 보일수도 있지만, 건너편 상대도 당신의 떡을

탐내고 있다는 사실을 기억하면 지금보다 덜 불안할거예요.

당신이 학원 강사라고 가정해볼게요. 학원 강사는 무엇을 위해 일할까요? 학생들의 성적향상이겠죠? 아이들의 성적을 올려주기 위해 무엇을 할 수 있을지 고민해야겠죠. 그 과정에서 마인드맵을 통해 생각정리, 자료정리까지 도움을 주면 어떨까요? 오후 늦게 출근하고 새벽에 퇴근하다보니 건강도 안 좋아지고 매일 늦잠을 자서 개인 일정이 하나도 없나요? 일과 삶을 균형을 맞추기 위해 시간관리 필요성을 느끼고 바인더에 시간을 기록하기 시작합니다. 놓친 시간이 눈에 보여서 삶이 개선이 됩니다. 내 삶이 먼저 변하면 자연스럽게 타인에게도 알려주고 싶은 게 인간의 공유본능입니다. 내가 변하면 주변 사람들이 먼저 알아봐요. 그것 좀 알려달라고 요청이 들어오죠. 도구를 제대로 쓰면 이런 경험을 자주 하게 돼요.

 책 먹는 여자의 도구 최적화하는 방법

1. 결정
어디에 쓸 것인지 정합니다. 용도를 분명히 해놔야 헷갈리지 않아요.

2. 훈련

내 것이 되기까지는 불편한 것이 도구입니다. 내 손에서 자유자재로 가지고 놀 수 있을 때까지, 타인에게 알려줄 수 있을 만큼 제대로 쓸 수 있을 때까지 계속 연습해야 해요.

3. 나눔

좋은 것은 혼자만 쓰지 말고 주변과 나눴으면 좋겠어요. 남한테 알려주다 보면 혼자만 쓸 때보다 더 공부하게 되고, 많은 것을 알게 됩니다. 블로그, 유튜브 등 어떤 SNS도 좋아요. 사용해보고 좋은 게 있다면 나누면서 성장했으면 좋겠어요. 부메랑처럼 당신에게 더 큰 것으로 돌아올 테니까요.

6
별과 같은 사명을 찾아라

미션(The Mission, 1986) 영화 보셨나요? 오래 전에 본 영화인데요. 〈미션〉이란 단어를 말할 때마다 가브리엘 신부의 험난한 여정이 떠올라 마음이 아팠어요. 왜 저렇게까지 자신을 희생하나 싶었죠.

미션, 사명(使命)은 맡겨진 임무란 뜻이에요. 굳이 종교이야기가 아니더라도 특별히 노력하지 않아도 남들보다 잘하는 것을 떠올려 보세요. 책 먹는 여자가 생각하는 사명은 '재능을 통해 세상에 제공하는 그 무엇'이라고 말하고 싶어요.

생각 없이 살다가 책을 읽고서야 나에 대해 궁금증이 생겼어요. 모태신앙이라 어렸을 적부터 성경말씀은 많이 접했어요. 예수님도 자기가 죽을 수밖에 없는 운명인 것을 알고, 제자가 자신을 배신할 것이라는 것을 알면서도 묵묵히 사명대로 말씀을 전파합니다. 마리아, 베드로, 유다 모두 자신의 임무대로 역할을 한 것이라고 볼 수 있죠.

사명에서 또 한명을 이야기한다면 맥도날드의 레이 크록을 빼놓을 수 없어요. "콜럼버스는 미국을 발견했고, 제퍼슨은 미국을 건국했고, 레이 크록은 미국을 '맥도날드화' 했다."는 말도 있을 정도인데요. 변변치 못한 사업을 전전하다가 레이 크록이 맥도날드 1호점을 시작한 것은 그의 나이 53세였어요. 맥도날드를 만난 순간 '바로 이거다'라는 생각이 들었다고 해요. 당신도 이런 경험이 있나요?

사명을 이야기 전에 영화 미션, 성경 이야기, 맥도날드를 인용한 건 그만큼 사명이 어렵기 때문이에요. 평상시 생각하지 못했던 주제이기도 하고요. 막상 사명을 찾아보려니 막막했어요. 2019년도 1월에 답답한 마음을 붙잡고 부산행 기차에 몸을 실었어요. 이름하여 '부산 미션트립'이었어요. 캐리어에 미션과 관련된 책을 몽땅 넣어 2박 3일 부산에서 보냈어요. 그때 찍었던 영상은 책 먹는 여자 유튜브 구독자들이 좋아해주는 콘텐츠 중에 하나예요.

 책 먹는 여자의 사명 찾기 3단계

1. 누구에게

어떤 대상자에게 도움을 주고 싶나요? 전업주부, 학생, 직장인, 취업준비생, 은퇴준비 남성 등 모두 좋아요. 내가 알고 있는 것을 도움 주고 싶은 사람이 있나요? 평상시 어떤 대상에 관심이 있었는지 적어보세요.

_____

_____

_____

2. 어떻게

그들이 어떻게 되었으면 좋겠나요? 당신을 통해 그들의 변화된 모습을 그려보세요.

_____

_____

_____

3. 무엇으로

이 부분이 바로 도구적 측면이에요. 책으로 그들을 변화시키고 싶나요? 요리로 몸과 마음의 건강을 제공하고 싶나요? 책 쓰기로 성장을 돕고 싶나요?

_____

_____

_____

기업 사명 찾아보기

다이소   놀라운 가치로 즐거움과 감동을

이케아   훌륭한 디자인과 실용성을 갖춘 다양한 홈퍼니싱 제품을
             더 많은 사람이 이용할 수 있도록 합리적인 가격에 제공하
             는 것

오뚜기   오뚜기 임직원은 식품을 통해 인류의 건강과 행복을 추구

나 최서연의 사명은
최고의 모습을 찾고자 하는 이들에게
BBM(Book, Binder, Mindmap) 코칭을 통해
풍요로운 성장을 돕는 것이다.

아래 빈칸에 당신의 사명을 채워보세요.

나 _____의 사명은
_____에게
_____을 통해
_____하는 것이다.

처음에 다 채우기 어렵다면, 무엇을 돕고 싶은지만 적어도 괜찮아요. 저는 〈풍요로운 성장을 돕는 사람〉으로 요약할 수 있어요. 사명대로 사는 삶을 응원합니다.

7
1인 기업의 장점과 단점

 내가 1인 기업을 하고 싶은 이유

① 시간을 자유롭게 쓸 수 있다.

② 상사의 통제나 간섭 없이 하고 싶은 일을 할 수 있다.

③ 일하는 만큼 벌 수 있다.

— 《지금 힘든 당신, 책을 만나자》 황상열 작가

① 시간을 자유롭게 계획해서 일할 수 있다.

② 재택근무를 하며 엄마로서 자녀도 돌볼 수 있다.

③ 하고 싶은 일을 할 수 있으며, 일한 만큼 수입을 얻을 수 있다.

— 블로그 이웃 친슈맘, 유현주 님

책 먹는 여자가 생각하는 1인 기업 장점

1. 디지털 노마드

무형의 지적 자산(온라인 강의, 프로젝트 모임)으로 수익이 창출가능해요. 오프라인 모임 없이도 진행할 수 있는 프로그램이 많다보니, 노트북만 있으면 어디서든 일할 수 있어요. 세스 고딘이 《린치핀》에서 출근 기반 보상(ABC, attendance-based compensation)이 끝났다고 말한 것과 같아요.

2. 시간의 자유

자기관리(시간관리)를 잘만 한다면 그야말로 Time free가 가능해요. 집중력이 좋을 때 그 시간에 맞춰 일할 수 있고요. 컨디션에 따라 일정을 조율할 수도 있으니 직장인처럼 강제적인 시간을 써야 할 필요가 없어요.

3. 내 인생은 나의 것

내가 원하는 모습을 만들어갈 수 있어요. 왕복 두 시간씩 출퇴근을 하면서 꿈이 생겼어요. '걸어서 출근하고 싶다' 네! 이뤄졌어요. 집에서 도보 20분 거리 사무실로 출근을 해요. 꿈꾸면 이뤄집니다.

책 먹는 여자가 생각하는 1인 기업 단점

1. 아프면 꽝된다

아프면 모든 일정이 무산됩니다. 건강관리가 필수예요. 무리한 일정을 진행해서 몇 번 아프고 나니까 정신이 번쩍 들더라구요. 지금은 일주일에 한 번씩 아무것도 안하는 날을 의식적으로 만들고 있어요. 몸에 좋은 것도 챙겨먹고요. 매일 앉아서 일하다보니 허리가 아파서 스탠딩 책상에서 글도 씁니다.

2. 알아야 할 것이 많다

세금 공부, 사업자 등록, 파트너관계 등 모든 순간이 배움과 결정입니다. 어쩔 수 없어요. 완벽한 준비란 없습니다. 배워가면서 하나씩 실천해보고 모르면 물어보는 수밖에요.

3. 외롭다

직장생활을 오래하다가 혼자 지내다보니 가끔은 외롭습니다. 사람냄새가 그리워질 때도 있어요. 그래서 함께 하는 사람들, 수강생들과 모임을 종종 만들어요. 언제쯤이면 힘들어하는지 파악해서 미리 여행을 간다거나 재충전을 하고 있어요.

8
1인 기업가의 독서는 다르다

바쁘니까 책 읽을 시간이 없을까요? 바쁘니까 책을 읽어야 할까요? 당연히 후자예요. 저도 한 달에 열 권이상의 책을 읽어요. 책은 생존과 연결돼있어요. 매일 숨 쉬듯 책과 가까이 하고 있는데요.

"하는 일도 많은데 언제 그 많은 책을 읽어요?"라는 질문을 받아요. 네. 1인 기업가의 독서법은 다르기 때문이에요.

 ## 바쁜 당신이 책을 읽어야 하는 이유

1. 생각할 시간을 준다

종이책을 펼치고 5분이라도 책을 보면 좋겠어요. 그렇지 않으면 바쁘다는 핑계로 일만 계속 합니다. 어느 순간 뇌가 방전돼요. 의도

적으로 잠시 일에서 빠져나와 멈춰보세요.

2. 아이디어를 준다
바쁘다는 것은 시간에 쫓긴다는 말도 됩니다. 시간에 쫓긴다는 것은 계획처럼 안 된다는 뜻이겠죠? 독서를 하다가 문제를 해결할 아이디어가 떠오르는 경험을 하실거예요.

3. 빌 게이츠도 읽는다
우리가 빌 게이츠만큼 바쁜가요? 많은 업적을 이뤘나요? 안타깝게도 아닙니다. 빌 게이츠는 독서광으로 알려져 있죠. 맹목적인 모방은 아니더라도, 빌 게이츠가 시간을 쪼개서라도 책을 읽는 이유를 생각해보면 좋겠어요.

 책 먹는 여자의 뽑아 읽는 독서법

1. 너 누구니?
책을 재미있게 보는 방법이에요. 시간절약도 되고요. 책을 볼 때 질문을 가지면서 보면 좋은데요. 책표지부터 살펴봅니다. 제목, 부제목, 이미지, 작가소개를 보면서 작가가 말하려고 하는 것은 무엇인지 키워드를 뽑아보세요.

2. 프롤로그, 에필로그 답이 있다고?

예전에는 프롤로그를 읽지 않았어요. 어차피 본론에서 같은 말이 나오니까 반복이라고 생각했죠. 아뿔싸. 혹시 당신도 그런가요? 책을 쓰면서 알았어요. 프롤로그는 작가가 이 책을 쓰는 이유에 대해 친절한 안내서 역할을 하고요. 에필로그에서는 작가가 한 말을 요약하고 정리해주는 몫을 하더라고요. 그래서 어떻게 활용하냐면요. 프롤로그에서는 작가가 책을 쓴 이유를 찾아내요. 그 이유가 내가 읽어야 할 이유와 연결이 되나요? 나무의 뿌리라고 비유해볼게요. 다음은 에필로그로 넘어가요. 작가가 책에서 쭉 풀어냈던 내용을 정리를 해줘요. 여기가 나무의 줄기 같은 역할을 하죠. '아. 이 책 본론에서 작가는 이런 말을 했구나'라고 생각하고 책을 보면 이해가 잘됩니다.

3. 왜 목차를 안 봐?

그러고 나서 목차를 훑어봅니다. 작가가 말하고자 하는 것과 결론이 나왔으면, 나한테 필요한 내용이 무엇인지 확실해져요. 그 부분을 목차에서 찾아내는 거죠. 즉, 열매를 딴다고 볼 수 있어요. 아무리 맛있는 열매도 하루에 몇 십개를 먹을 수는 없어요. 내가 먹을 분량만큼 따내는 절제심도 필요해요. 책 한권에서 내 것으로 만들고 싶은 목차 몇 개만 뽑아요. 거기부터 읽어보는 거죠.

항상 앞에서부터 차분하게 읽었던 독자라면 불편한 방법일수도 있는데요. 3~10권 정도만 이렇게 독서해보세요. 보석을 찾는다는 마음으로요.

9
그들이 원하는 것을 준다

　사업은 뭔가를 '파는' 일입니다. 그래서 아이템이나 콘텐츠가 중요하다는 느낌이 들 수도 있는데요. 제 경험에 비추어보자면, 콘텐츠 자체보다는 소비자가 훨씬 중요합니다. 고객의 불편이나 문제를 해결해줘야 한다는 거죠. 보도 섀퍼의 《열두 살에 부자가 된 키라》에서는 돈 버는 두 가지 방법을 소개하고 있습니다.

- 첫째, 다른 사람들의 문제를 해결해줄 것
- 둘째, 자신이 알고 있고, 할 수 있고, 가지고 있는 것에 집중할 것

　바인더 코칭 과정에서 있었던 일이에요. 수강생과 통화를 했어요.

　"바인더 작성이 잘 안 되는 이유가 무엇일까요?"

　"아침에 써야 하는데요. 일어나기가 힘들어요."

"아침에 일찍 일어나면 바인더를 쓰실 시간이 확보될까요?"

"네. 아이가 깨기 전 저만의 시간을 가지면 가능할 것 같아요."

기상 프로젝트를 시작했습니다. 수강생이 가진 문제와 제가 할 수 있는 부분이 맞아떨어졌어요. 비슷한 사례가 또 있습니다. 강의 포스터를 깔끔하게 제작하고 싶어서 여성 인력 개발센터에서 진행하는 〈망고보드〉 수업을 들었거든요. 수업 중에 만든 몇 가지 망고보드 작업물을 채팅방에 올렸어요. 수강생 몇 명이 관심 가지며 알려달라고 하더군요. 기회를 놓치지 않았어요. 아는 만큼 최선을 다해 알려드렸습니다. 반응이 좋았어요. 어떻게 됐을까요? 그 후에 몇 차례 더 특강을 진행했구요. 수업에 활용해서 멋진 이미지를 만들고 있어요.

'에이. 이제 막 배우기 시작했는데, 강의는 무슨······'

제가 이런 생각을 했더라면 어땠을까요? 강의는 물론이고, 실력도 늘지 않았겠지요. 매번 특강을 할 때마다 개선하고 보완한 덕분에 이제는 이미지템플릿 전문가가 되었습니다. 누군가 내게 도움을 요청할 땐 기회라고 생각하고 움켜쥐세요.

 ## 그들이 원하는 것을 알아내는 방법

1. 공유하라

새로운 내용을 알게 되면 단체 채팅방이나 블로그에 바로 올려요.

수강생이나 블로그 이웃의 반응을 살펴봅니다. 관심 있는지 물어보기도 하고요. 뭔가 배울 때마다, 최상의 결과물이 아닐지라도 과정을 지속적으로 공유합니다. 어떻게 활용하고 성장하는지 나누는 거죠. 그 모습 지켜보는 사람들에게 '나도 저렇게 되고 싶다', '나도 저렇게 될 수 있을 것 같다'라는 희망의 이미지를 계속 심어줍니다.

2. 개인적으로 연락하라

하루 한 명씩 안부를 물어보려고 노력해요. 하루에 딱 한 명만이라도 감동을 주자! 제 원칙이에요. 같은 채팅방에 있어도 대화를 나누는 사람은 한정되어 있습니다. 소외감 느끼는 사람 있기 마련입니다. 연락이 뜸했던 수강생을 우선으로 정하고, 수강 내용을 확인한 후 메시지를 보내요. 어떻게 지내는지, 배운 도구는 잘 활용하고 있는지 물어봅니다. 잘하고 있는 점에 대해서는 칭찬과 격려를 하고, 힘들어하는 부분 있으면 도움이 될 만한 내용으로 이야기를 해요.

3. 보여줘라

빌 비숍의《핑크펭귄》에 나오는 말입니다.

'그들(고객)도 자신이 무엇을 원하는지 모른다.'

누구나 행복한 삶을 꿈꾸지만, 행복한 모습을 선명하게 그리지는

못합니다. 막연하다는 거죠. 언어의 마법이 필요합니다. 그들이 원하는 모습을 보여주면 됩니다. 보이게 하고 들리게 하고 느낄 수 있도록 도와주면 돼요.

4장

그럼에도 1인 기업

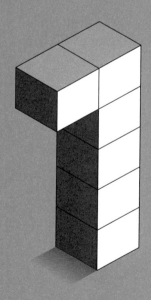

1
배우고 활용하고 성공한다

"1인 기업을 시작하려는 후배들에게 한마디 해주세요."

오늘도 멘토인터뷰를 통해 질문을 받았습니다. 어쩌나요. 거창한 답을 기다렸을 턴데 말이죠.

"할 마음이 있으면 바로 시작하세요. 준비부터 한다면서 시작도 못하는 분들이 있어요. 제가 생각하는 1인 기업은 스스로 사람을 모집하고 프로젝트를 통해 단돈 1만 원이라도 소득을 발생시켜본 사람이라고 말하고 싶어요. '가면서 힘을 모은다'라는 말이 있어요. 1인 기업은 준비만 많이 하면 몸집이 무거워져서 시작도 못해요. 그러니 오늘 당장 내가 할 수 있는 일이 무엇인지 찾아내서 그것부터 하면 좋겠어요."

자. 이 조언대로 시작했나요? 축하드려요. 마구 칭찬 드립니다. 방어막 없는 현실에 매일 부딪히면서 하나씩 배워갑니다. 그러다보면

실패도 하죠. 그때 나한테 필요한 것 하나씩 배워나가면 되요.

"모르면 물어보랬잖아."

간호사시절 프리셉터를 했습니다. 신규간호사가 오면 3개월 정도 트레이닝 시키는 거죠. 분명히 어제 알려줬는데 같은 실수를 합니다. 실수하고도 실수한지도 모르고요. 물어보라고 해도 물어보지도 않습니다. 미칠 노릇이죠.

"모르는지도 모르는데 어떻게 물어보냐?"

신규 간호사를 붙잡고 혼내는 저를 보며 지나가던 선배가 한 말입니다. 맞습니다. 아는지 모르는지 아는 것부터 중요하네요. 그래서 실수도 해봐야 합니다.

 책 먹는 여자의 배움을 성과로 만드는 팁

- 배워야 할 것이 정해지면 돈을 아끼지 않고 배운다.
- 강의를 들으며 생각한다. '이 강의를 내가 한다면 어떻게 진행할 것인가?'
- 강의가 끝나자마자 배운 것을 적용해본다.
- 블로그나 유튜브를 통해 배운 것을 자랑한다.
- 누가 그것 좀 알려달라고 하면 바로 강의를 오픈한다.

2
당신도 누군가의 기적이다

　앞만 보고 걷다보면 지나온 길을 과소평가할 때가 있습니다. 한발씩 내딛는 건 엄청난 기적이에요. 중력을 이기고 앞으로 걸어가잖아요. 잘나가는 강사, 돈 잘 버는 1인 기업가들을 보면서 나와 비교할 때가 있어요. 네. 맞아요. 저도 그래요. 매일 힘들고 속상하고 울고 그만둘까 싶을 때가 있어요. 그런데요. 한달 전, 일년 전만 돌아봐도 스스로 엄청나게 성장했다는 것을 느껴요. 감사할 따름이에요.

　2018년 5월 온라인 카페 하나를 꾸려놓고, 초보 작가들의 강연을 기획했습니다. 처음으로 현수막도 주문해봤어요. 어떤 분들이 오는지 설레기도 했고요. 작가와 회원 사이에 있으면서 조율하는 법도 하나씩 알아갔습니다. 그 덕분에 지금은 혼자서 온라인 채팅방 관리부터 기업대표 특강 섭외도 노하우가 생겼습니다. 2년 사이에 이만큼 컸구나 생각하니 남과 비교할 필요가 없어집니다.

컨설팅 상담은 주로 삼십대 후반부터 오십대 초반 여성분들이 많아요. 제가 자주 묻는 질문이 있어요.

"당신을 사랑하세요?"

"내가 나를 사랑하지 않으면서, 타인에게 나 좀 봐달라고 하는 건 말도 안돼요."

부정적인 감정이 자신의 내면을 긁어먹도록 놔둬서 스스로 비하하고 자책하는 분들이 있습니다. 자신을 먼저 사랑해보세요. 지나온 시간동안 잘 살아온 본인을 칭찬해주세요. 실패한 일은 그대로 흘려보내세요. 부정덩어리가 남아있으면 타인이 자신을 칭찬해도 진실로 받아들이지 않아요.

당신은 오늘도 누군가의 기적입니다. 태어나게 해준 엄마의 기적, 같이 살고 있는 가족의 기적, 당신이 SNS에 남긴 글 하나로 힘을 얻게 해준 사람의 기적입니다. 그러니 당신도 당신을 사랑해주세요.

"한 달에 십만 원이라도 내 손으로 벌어보고 싶어요."

이 바램은 이뤄집니다. 십만 원이 아니라 백만 원도 가능해요. 가능성의 첫 걸음은 나를 인정하고 사랑하는 것부터입니다. 이 글을 읽는 지금, 당신은 저에게도 기적입니다.

3
슬럼프를 반겨라

> **슬럼프**
> 스포츠의 연습 과정에서 어느 기간 동안 연습 효과가 올라가지 않고, 스
> 포츠에 대한 의욕을 상실하여 성적이 저하된 시기 체육학대사전

"슬럼프를 어떻게 이겨내세요?"

"또 슬럼프가 왔어요. 힘들어요."

엄청난 에너지를 뿜어내며 활동하던 수강생이 어느 날부터 보이지 않습니다. 무슨 일인가 싶어서 연락해보면 슬럼프가 왔다는 답이 돌아옵니다. 또는 번 아웃 됐다고도 말합니다. 번아웃이나 슬럼프라는 단어가 무기력해보이고 왠지 부정적인 것 같죠? 생각을 바꿔보면 어떨까요?

안전지대에만 사는 사람들은 노력조차 하지 않을 일을 1인 기업가들은 해냅니다. 모든 에너지를 쏟아내는거죠. 네. 맞아요. 몰입할 수 있는 일이나 내가 좋아하는 일은 하얗게 밤을 세기도 해요. 그러다가 번 아웃이나 슬럼프가 왔어요. 이게 나쁜가요? 그렇게 생각하지 않아요. 넘어진 사람은 달려봤으니까 상처도 입는 거고요. 벽에 부딪힌 사람은 한계까지 가봤기에 여기가 끝인가 싶은 마음도 드는거예요. 맞지 않나요?

저도 감정의 기복이 심해요. 어떤 날은 하늘을 날아갈 듯 가벼운 몸과 맑은 정신으로 평상시 기획했던 일을 처리해요. 그 사이는요? 내가 뭐하는 건가, 이게 맞는 건가. 어떻게 살 것인가 뜬구름 같은 생각들로 멍하게 보내기도 해요. 저는 그 시간을 즐겨요. 슬럼프가 오면 '아. 또 왔구나. 내가 열심히 살았네. 덕분에 좀 쉬자' 생각하고 카페에 틀어박혀 책도 봐요. 슬럼프가 지난 후에 멋진 결과물을 만들어내요. 일보후퇴 이보전진 전략이에요.

에너지가 언제 좋은지 체크하고 활성화됐을 때는 로켓을 발사하듯 분출해내고요. 에너지를 모으는 동안은 차분히 보냅니다. 그 과정이 슬럼프나 번 아웃이라고 말할 수도 있는데요. 그때 더 많이 성장해요.

혼자 하는 일이라 체력관리, 감정관리가 중요합니다. 1인 기업가에게 슬럼프는 축복입니다. 당신이 열심히 활동했다는 증거이기도 해요. 스스로 스트레스를 해결하는 방법도 미리 찾아놓으세요. 저는 일주일에 영화 2-3편을 봐요. 휴대폰을 안 보는 유일한 시간이에요. 독서를 하다가도 휴대폰을 만지작거리는 저를 발견하고는 의도적으로 휴대폰 안보는 시간을 마련했는데요. 바로 영화 보는 시간이에요. 휴대폰으로 영화를 보니까 많은 알람이 와도 당장 확인하지 않게 되더라고요. 많은 영화를 본 덕분에 자기계발과 1인 기업가에 도움 될 영화도 몇 편 메모해놨어요. 힘들어하는 수강생에게 영화도 추천해드리고 있어요.

추천 영화

① 오늘에 감사하게 되는 영화 : 〈어바웃 타임〉(2013)

② 리더로서 성장시켜 주는 영화 : 〈쿵푸팬더3〉(2016)

③ 오늘과 미래의 나를 만나게 해주는 영화 : 〈인턴〉(2015)

④ 여행 가고 싶을 때 숨통 트이는 영화 : 〈이케아 옷장에서 시작된 특별난 여행〉(2019)

⑤ 잠재의식의 중요성을 알게 해주는 영화 : 〈인셉션〉(2010)

4
파이프라인을 만든다

버크 헤지스의 《파이프라인 우화》라는 책이 있어요. 산꼭대기까지 물통을 나르는 사람과 파이프라인을 만들어내는 사람 이야기가 나와요. 하브 에커의 《백만장자 시크릿》에도 추마와 아주르가 피라미드를 건설하는 이야기가 있어요. 결국 내 육체로 할 수 있는 일은 한정되어 있으니 파이프라인을 만들라는 말이죠. 당신에게는 몇 개의 파이프라인이 있나요?

2018년 가계부에 관심을 가지게 되면서 꿈이 하나 생겼어요. 매일 통장에 돈이 들어오면 좋겠더라고요. 그 당시 사용했던 가계부에 수입/지출 항목이 있었는데요. 지출은 칸이 부족한데 수입은 월급 말고는 적을게 없었어요. 외부 교육 일정이 잡히고 모객한 강의가 하나씩 진행되면서 월급날이 아니여도 돈이 생기기 시작했어요. 신기했어요. 이렇게도 돈을 벌 수 있구나 싶었어요. 그때 다시 매일 통장에

십만 원이 들어오면 좋겠다고 적었어요. 그 후 삼십만 원, 오십만 원, 지금은 백만 원까지 늘어났어요. 월간 목표를 세우고 주간 목표 수입을 분배해서 바인더에 적어요. 매달 매주 목표설정, 행동, 피드백을 하면서 어떻게 돈이 모이는지 실감하고 있어요.

이렇게 할 수 있는 이유는 파이프라인 덕분이에요. 처음에는 강의 하나로 시작했어요. 오프라인에서 마인드맵 수업을 했어요. 수업이 끝나면 수강생들이 질문을 합니다. 질문을 가지고 동영상을 만들어서 유튜브에 올렸어요. 유튜브를 보고 수업을 신청하기도 해요. 오프라인 수업을 꾸준히 하면서 온라인 강의를 만들어서 팔았어요. 본사에서도 프로그램 설치, 교육소개 등 내부규정에 따라 일정부분 수수료를 받습니다. 방금 마인드맵 강의 한 개로만 파생되는 예를 알려드렸어요. 정리해볼까요?

- **오프라인 강의료**
- **온라인 강의료**
- **유튜브 애드센스**
- **네이버TV 광고**
- **본사 수수료**

새로운 일 다섯 개를 하는 것보다 한가지로 여러 개 파생시켜서 하는 일을 계속 찾아내고 있어요. 이런 방법도 있습니다.

- 유튜브에 영상을 올린다.
- 같은 영상을 네이버TV에도 올린다.
- 음성만 MP3로 추출해서 팟빵과 네이버 오디오 클립에 올린다.

저도 지금은 시간과 노동을 팔아 소득을 창출하고 있어요. 5년 이내에 파이프라인 다각화로 노동력을 최소로 해서 자본이 발생하게 하려고 해요. 지금부터 저와 함께 준비해요.

5
말이 아니라 마음으로 판다

어렸을 때부터 웅얼거린다는 말을 자주 들었습니다. 말 좀 똑바로 하라는 말을 들을까봐 더 주눅이 들었어요. 소심하기도 해서 발표라는 말만 나오면 질겁했어요. 그랬던 제가 하루가 멀다 하고 온라인강의를 하고 유튜브와 팟빵을 합니다. 믿을 수가 없죠. 보험 영업은 말을 잘 해야 되는 줄 알고 스피치 책을 봤어요. 연필을 입에 물고 책을 읽으라고 했어요. 논리적으로 말하는 방법도 있더군요. 어느 책에선가 자신이 직접 녹음한 목소리를 들어보라고 했어요. 그럴바에는 유튜브를 하자 싶어서 용감무식하게 유튜브를 시작했습니다.

2-3년 전 유튜브 영상을 보면 불안합니다. 제가 무슨 말을 하는지도 모르겠더라고요. 표정도 어색하고요. 그때보다 지금 확실히 생각 정리도 잘되고 표현력도 좋아졌어요. 어쩜 그렇게 말을 잘하냐는 지인들의 말이 놀랍기만 합니다. 흑역사를 모르다니...

유튜브를 하면서 느낀 건데요. 말을 잘하는 방법 백가지를 안다고 해서 말을 잘하는 건 아니에요. 내 목소리로 1분짜리 영상이라도 올려봐야 해요. 화면속의 나를 마주하면서 스스로 평가를 해야 하고요. 더 중요한거요? 단 한 명의 구독자와도 소통하면서 성장하는 맛을 느끼시길 바래요. A라는 영상에 B 구독자가 도움 됐다는 댓글을 남겼습니다. A와 비슷한 영상을 작업할 때 저는 B를 떠올리면서 작업합니다. 그분에게 도움이 되고 싶다는 마음으로요. 그 생각은 분명 전달됩니다.

강사에게는 마음이라는 스킬이 있습니다. 전달력이 떨어져도 열정이 있으면 실수해도 수강생들이 이해하고 인정해줘요. 겉멋만 들어서 속빈 옥수수처럼 건들거리면 밥맛이에요.

5장

1인 기업 도구로 달라진 사람들

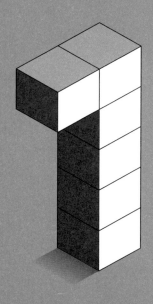

1
대학교수의 블로그 도전기

안녕하세요. 저는 대학교수예요. 김지민(가명)이라고 해요. 매일 블로그에 글쓰기를 하고 있어요. 벌써 백일이 되어갑니다.

교수인 제게도 코로나19는 많은 변화를 경험하게 해줬어요. 비대면 수업으로 동영상 작업을 바쁘게 하는 도중, 나는 어떤 사람인지 궁금해졌어요. 대학교수라는 호칭 말고, 인간 김지민으로서요. 어렸을 때부터 책 읽기를 좋아했어요. 나이가 들다보니 좋은 책을 남들에게 알려주고 싶었어요. 블로그 글쓰기를 통해 서평도 잘 쓰고 싶었어요. 곰도 마늘을 백일이나 먹고 사람이 되었다고 하잖아요. 싫증을 잘 내는 사람이라서 오랫동안 꾸준히 해 본적이 없는데요. 매일 블로그 글쓰기를 통해 하루씩 쌓여가는 글감을 보며, 나도 할 수 있다는 성취감이 생겼어요. 글 쓰는 즐거움도 알게 됐어요.

이 나이 먹도록 나에 대해 생각해보지 않았다는 게 믿어지나요?

매일 다른 주제로 나에 대한 질문을 받습니다. 나는 무엇을 좋아하나, 언제 행복했나 이런 질문이요. 바로 생각이 떠오르지 않을 때도 있지만 나와 대화할 수 있는 기회가 됐어요. 어떤 주제로 글을 쓰더라도 가족이야기가 자주 등장하게 되더라구요. 내가 가족과 아이들을 소중하게 여긴다는 점이 기뻤어요. 글쓰기가 어렵다는 생각에 시도조차 못했을 텐데요. 시간이 지나고 보니 점점 발전하는 모습도 보이네요. 함께 하는 동기들이 있어서 포기할까 싶다가도 다시 시작하는 힘이 생겨요. 저를 객관적으로 볼 수 있는 블로그 글쓰기를 통해 시야가 넓어지고 있어요.

친한 교수에게 블로그에 글을 써보라고 이야기해보려구요. 물론 손사래를 치며 도망가겠죠. 언젠가 기회가 된다면 지인들과 글쓰기를 해보려고 해요. 글을 썼을 때의 성취감, 글을 쓰기 위해 사색하는 시간의 기쁨을 나누고 싶어요.

P.S 책 먹는 여자

가족 중에 교수라는 직업이 없어서일까요? 김지민님처럼 평생 배움에 열정적인 분은 처음 봤어요. 감사일기, 바인더, SNS마케팅 등 모든 분야에 관심을 가지고 자신을 성장시키는 멋진 분이랍니다. 함께 성장할 수 있어 감사해요.

2
보험설계사에서 작가가 되기까지

온라인으로 보험을 판매하는 김진미입니다. 책만 읽으면 삶이 변할 거라는 믿음으로 2017년 7월부터 독서를 했어요. 읽기 전보다 세상을 보는 눈이 달라지기는 했는데, 시간이 지나도 답답한 마음은 있었어요.

'나는 아직도 책 속 세상에만 머물러있구나.'

혼자서 블로그에 일기도 써보고 독서기록도 했어요. 많은 시도를 했지만, 조급함이 있었고 끝을 내지 못했답니다. 그러던 중 우연히 블로그 이웃 책 먹는 여자를 통해 블로그 글쓰기 프로그램을 보게 됐어요. 비용이 부담됐지만 배움을 돈을 바꾸는 기술을 실천해보고 싶어서 바로 신청을 했습니다. 한 단계 도약할 수 있을 것이라는 느낌이 왔거든요.

이 글이 책으로 나올 때쯤이면 아마 백일 글쓰기 과정이 끝났겠지요? 하루도 빠지지 않고 매일 글을 쓴 저를 칭찬해주고 싶어요. 각기 다른 주제로 글을 쓰면서 나와 대화하는 시간을 가져요. 잊혔 던 추억을 끄집어내서 행복한 맛을 보기도 하고요. 기억하고 싶지 않았던 상처를 마주하기도 했습니다. 모든 것이 내 삶임을 인정하 는 법도 배웠어요. 글쓰기 미션이 하나씩 줄어들고 있어요. 끝나는 날이 기대되기도 하고, 살짝 걱정도 됩니다. 글쓰기는 끝나지만 제 삶은 진행형이니까요.

쓰기 전에는 몰랐던 글쓰기의 가치를 알아가는 기쁨이 있어요. 블로그에 글을 쓰니까 이웃들 댓글로 반응도 바로 볼 수 있고요. 책 먹는 여자에게 매일 첨삭 피드백도 받을 수 있어서 좋아요. 글쓰기 를 통해 가장 좋아진 점 하나만 이야기해볼까요? 내 자신이 참 귀 한 사람이라는 걸 알았어요. 실업계 고등학교를 나와서 계약직으 로 일하고 한 달 벌어 한 달 사는 삶을 살았어요. 그런 제가 책을 읽 고 블로그에 글을 쓰고 꿈을 꿉니다. 책도 내고 싶구요. 저만의 경 험을 바탕으로 타인의 성장을 돕고 싶어요.

P.S 책 먹는 여자

바인더 모임을 통해 처음으로 김진미님을 만났어요. 조그마한 체격, 차 분한 목소리가 기억나요. 어렸을 적 트라우마를 극복하기 위해 독서로 자신의 삶을 치유해나간다고 했어요. 중년이 돼서야 공부하는 기쁨을 알 게 된 그녀는 오늘도 책을 읽고 블로그에 글을 씁니다. 자신과 같은 여성들에게 꿈을 심어주고, 성장을 돕기 위해 작가가 되기로 목표도 세웠죠.
우리 모두는 그렇게 될 거예요. 그 길에 함께 할 수 있어 감사합니다.

3
엄마의 돈 공부

　22년간 워킹맘으로 지내다가, 몇 달 전에 퇴사를 했어요. 유현주라고 합니다. 전업주부이면서도 몇 가지 아이템으로 부수입을 창출하고 있어요. 온라인 기상 습관 프로젝트 리더, 스마트스토어 스터디 리더를 하면서 스마트스토어도 운영하고 있어요.

　워킹맘이다보니 책을 꾸준히 못 읽었어요. 독서모임이 웬 말인가요? 우연히 최서연 작가의 유튜브 특강을 들으면서 독서모임까지 신청하게 되었는데요. 금융문맹이라는 말이 딱 저예요. 재테크 공부도 하고 책도 읽을 수 있어서 재테크 독서모임, 빅리치 북클럽을 신청하게 됐답니다.

　회계쪽 업무를 오래했어도, 가정 재정은 신경을 못 썼더라고요. 덕분에 가계부도 쓰기 시작했어요. 예금 위주의 자산을 투자로 옮기고 있어요. 아이들 이름으로 펀드도 개설해주고요. 자본가의 삶을 살기 위해 주식도 시작했어요. 재테크 책을 읽으면서 한 주마다 실천할 것을 이야기하는데요. 덕분에 모임 하는 동안 종자돈도 백만 원을 모으게 됐어요. 목표금액을 설정하고 소액이지만 돈이 모이는 걸 보면서 성취감도 생겨요. 주식에 대해 반대하던 남편도 조금씩 변하는 것 같아 기뻐요. 온 가족이 부자되기 습관에 동참하고 있어요.

제가 변하고 주변을 보니 아직도 재테크를 투기로 하는 사람들이 많다는 걸 알았어요. 많은 분들이 재테크 책을 읽고 실천하면서 삶의 변화를 경험하면 좋겠어요. 좋은 기업을 찾아 꾸준히 투자한다는 존리 대표의 철학을 통해 매일 자본가의 삶에 가까워지고 있답니다.

P.S 책 먹는 여자

유튜브 특강을 통해 처음 만난 날이 기억나요. 유튜브를 시작으로 감사일기, 바인더, 망고보드, 온라인 강사과정 등 제가 진행하는 모든 강의는 첫 번째로 신청해서 같이 해주고 계신답니다. 이제는 리더가 되어 부족을 만들고 성장을 이끌어내는 모습 아름다우세요. 서로 응원하는 언니동생 되어요.

4
나를 키우는 독서모임

아이와 나를 키우는 김소영 주부입니다. 아이를 키울 때마다 책에서 도움을 얻었어요. 그러다보니 독서모임에도 참여해보고 싶다는 꿈이 생겼어요. 아이들이 크는 모습을 보면 뿌듯하면서도 저를 채우지 못하는 허전함이 있었거든요. 엄마가 아닌 김소영의 시간이 필요하다고 생각했고 우연히 유튜브를 통해 독서모임을 보고, 바로 신청했어요.

책 먹는 여자 독서모임을 통해 얻은 것을 이야기하려고 하는데요. 실은 삶 전체가 변했습니다. 매일 엄마라는 이름으로 살다가 토요일 딱 두 시간 '김소영'으로 신데렐라처럼 보낼 수 있었어요. 오로지 내 이야기만 할 수 있는 시간이 활력소가 됐어요.

육아서만 탐독했는데 자기 계발서, 재테크 서적도 읽었습니다. 성공한 사람들의 습관을 하나씩 따라했어요. 독서, 확언, 새벽기상, 메모 등 말이죠. 올빼미형인 제게 새벽기상은 기적입니다. 고요함과 집중의 힘을 느끼며 명상도 하고 있어요. 일 년이란 시간이 지나고 보니 왜 성공한 사람들이 아침습관을 중요시 여기는지 알겠어요. 지금 이 순간을 감사하는 삶을 매일 살아가고 있어요.

독서모임에 참여한다는 것은 용기가 필요합니다. 질문에 대답도 해야 하고, 자기소개도 해야 하죠. 모르는 사람과 이야기도 하고요. 처음 독서모임에 오는 분들도 저와 같은 생각이더라고요. 좋은 분들과 함께 하다 보니 편안한 분위기에서 책 이야기도 즐겁게 할 수 있어요.

성장하고 싶다면 읽고 실천하는 독서를 하셨으면 좋겠어요. 함께 하는 힘을 얻기 위해 독서모임도 꼭 참여해보세요. 다른 사람의 성장을 직접 경험할 수도 있답니다. 독서모임은 처음 나오기는 힘들지만, 한번 나오기 시작하면 계속 참여하게 되요. 첫 걸음을 응원합니다. 변화의 시작, 독서모임에 오신 것을 환영합니다.

P.S 책 먹는 여자

독서모임 리더강의를 할 때마다 사례로 드는 분이 바로 김소영 님이에요. 2019년 1월 처음 만났어요. 다소 힘들어 보이기도 했고, 건드리면 깨질 것처럼 위태로워보였어요. 아이를 키우다보니 어느 순간 자신이 누구인지 모르겠다면서 유튜브를 검색하다가 저를 찾아냈다고 해요. 그 후로 일 년 넘게 독서모임을 같이 하고 있는데요. 이제는 제가 그녀를 떠나려고 해요. 독서모임 리더로 독립하셔야죠. 내가 변했으면 이제 다른 사람을 도울 차례니까요. 그 자리가 그립겠지만 언제든 만날 수 있잖아요. 김소영님의 삶과 배움을 이제 다른 사람에게 나눠주세요. 도움이 필요하시면 언제든 둘이 맥주 한잔 하면서 이야기 나눠요.

5
유튜브로 영업하는 남자

16년차 부동산분양업을 하는 권희성이라고 합니다. 유튜브에서는 '열사남'으로 검색하고 구독도 눌러주시면 감사하겠습니다.

부동산중개업을 오래 하다 보니 SNS에 자연스럽게 관심을 가지게 됐어요. 블로그는 오래전부터 해왔지만, 항상 뭔가 빠진 느낌이더라고요. 책 먹는 여자 블로그를 통해 유튜브 강의 소식을 듣고 바로 신청했어요. 유튜브 강의는 비싼 곳이 많거든요. 돈 내기 미안할 정도로 다른 강의에 비해 수강료가 저렴했어요. 얻은 것은 몇 백배였죠. 2019년 8월 유별나다 유튜브 특강으로 제가 얻은 몇 가지를 나누겠습니다.

수업때 바로 영상을 촬영하고 편집해보는 시간이 있었는데요. 덕분에 다음날 바로 영상 하나를 올렸어요. 부동산 분양 정보를 올리면서 도움이 필요한 분들이 보시면 좋겠다 싶었어요. 영상을 보고 시행사에서 대행 요청도 받았어요. 온라인 영상을 보고 오프라인 인맥이 구축되는 경험은 신세계였습니다. 유튜브 강의 한 달 만에 영상을 보고 온 고객이 계약을 한 성과도 있었어요.

대전에 있는 고객은 영상으로 저를 50번 넘게 보셨다면서, 만나자마자 반겨주셨습니다. 당연히 계약도 하셨고요.

"유튜브를 많이 보는데, 사장님은 꾸밈이 없고 진실해보여서 믿음이 갔어요."

칭찬해주셔서 힘이 났습니다.

유튜브강의는 비용과 강의내용을 같이 고민해볼 수밖에 없는데요. 배우자마자 바로 활용할 수 있게 쉽고 재미있게 알려주셔서 도움이 되었어요. 내가 가진 꿈과 비전을 올바른 생각과 방법으로 전파할 수 있는 유튜브를 여러분도 꼭 시작하셨으면 좋겠어요.

P.S 책 먹는 여자

강의를 하다보면 수강생의 패턴이 보입니다. 배우는 것으로 끝내거나, 내 것으로 만들어내서 성과는 내거나 둘 중 하나입니다. 유튜브 특강을 통해 저와 딱 한번 인연을 맺은 권희성님은 수업때 알려드린 내용을 모두 실천하고 게셨어요. 유튜브 수강생 사례로 가장 먼저 떠올랐어요. 제가 후기를 부탁드렸을 때 가장 기뻐해주셨어요. 겸손함과 열정을 가진 권희성님 감사합니다. 권희성님의 사명대로 사는 삶 응원하겠습니다.

6
세무사의 시간관리 비법

　임화섭 세무사입니다. 세무사 모임을 통해 바인더를 알게 됐습니다. 혼자서 쓸 수 있을 거라 생각했는데 쉽지 않더라고요. 쓰다말다를 몇 번이나 반복했어요. 우연히 최서연 코치의 바인더 온라인 수업을 알게 돼서 신청했어요.

　혼자서는 책과 유튜브 영상을 찾아보면서 공부하는 게 힘들었는데요. 매일 올려주는 5분 이내의 영상을 보면서 하루에 하나씩 배워가는 재미가 있었어요. 한 명씩 피드백을 해주는데요. 다른 분 피드백을 보면서 공부도 됩니다. 세무사에게는 5월이 최고로 바쁜 달이에요. 남들은 바쁘니까 바인더를 못 쓴다고 하는데요. 오히려 바인더 덕분에 5월 종합소득세 신고도 실수 없이 마무리 지었습니다.

　시간 관리를 넘어 자기관리까지 되는 바인더를 꾸준히 쓸 생각이에요. 시간이 지나면 저도 바인더 코치가 돼서 세무사들을 위한 시간 관리도 도와주고 싶은 꿈이 생겼습니다.

P.S 책 먹는 여자

베트남 휴가 중 전화로 강의 상담을 해드렸습니다. 세무사라는 직업과 시간관리가 절실한 상태라면서 본인을 소개했던 임화섭님은 뚝심이 있는 분이였어요. 세무쪽 전공이 아님에도 도전해서 현재는 대표세무사로 회사도 꾸리셨죠. 거기서 멈추지 않고 매번 자신의 성장과 고객에게 도움이 될 강의들은 시간을 쪼개서 공부하는 모습을 저도 배우고 있습니다. 귀한 인연 감사해요.

7
워킹맘의 똑소리나는 워라밸

 쇼핑몰을 운영하고 있는 김선희입니다. 6살 딸을 키우면서 일과 육아를 병행하고 있어요. 두 마리 토끼를 잡으려고 하다 보니 시간관리가 필요하더라고요. 인터텟을 검색하다가 3P바인더를 알게 됐어요. 일단 구입해서 혼자 써보기 시작했어요. 다이어리나 일기보다 한 차원 높은 기록이 되더라구요. 그런데 혼자 하다보니까 개선이 되지 않았어요. 우연히 유튜브에서 바인더 무료강의를 보고 책 먹는 여자 유튜브를 구독했어요.

 주입식 교육에 길들여진 세대다보니 무료강의 또한 시간 내서 보는 게 쉽지 않았어요. 그 찰나에 바인더 온라인 코칭이 있다는걸 확인하고 바로 신청했답니다. 처음 듣는 강의라 잘 쓰고 싶은 마음이 있었으나 제대로 따라가지 못했어요. 매일 영상을 보고 바인더를 정리해서 올려야 하거든요. 하나씩 제 것으로 만들고 싶어서 재

수강을 했어요. 처음에 안 보이고 안 들렸던 것들이 하나씩 제 것이 되더라고요. 채팅창에서 개별 피드백을 해주는 것도 좋았습니다. 지금은 코칭 없이도 혼자 잘 사용하고 있어요. 우선순위 지키기, 잠들어있는 시간 찾아내기, 목표를 세우고 실천하는 법까지요.

24시간을 48시간으로 사는 법이 있습니다. 알려드릴까요? 지금 당장 바인더부터 작성해보세요. 일과 가정에서 최고의 모습으로 성장해나갈 수 있을 거예요. 최고의 선수에게는 최고의 코치가 있다고 하죠? 최고가 되기 위해 시간절약이 필요하다면 바인더를 써보세요.

P.S 책 먹는 여자

"어머 우리가 만난게 일 년도 안돼요?" 그녀가 화들짝 놀랍니다. 유튜브를 통해 저를 먼저 봤다고 했어요. 바인더 수업을 듣고 독서모임을 하면서 친해졌어요. 이제는 같은 꿈을 꾸고 상생할 방법을 찾는 동료가 되었습니다. 최고의 모습을 찾아가는 김선희님 고마워요.

8
공무원, 생각의 틀을 깨다

은퇴가 얼마 남지 않은 공무원입니다. 임지선이라고 해요. 공무원을 오래하다가 보니 자료정리의 필요성이 절실했어요. 마침 마인드맵에 관심 있던 차에 수업을 신청했습니다.

공무원하면 뭐가 떠오르세요? 서류 위주 소통방식이죠. 핵심내용 없는 보고서나 무슨 말인지 이해할 수 없는 기록은 의사소통에 방해가 됩니다. 마인드맵을 활용하면서 일단 제 생각이 넓어졌어요. 조망적 사고라고 합니다. 수십 장의 보고서가 아니라 한 페이지로 기획, 과정관리가 가능해서 시간 절약 및 효율성이 높아졌어요. 물론 책을 읽고 정리할 때도 마인드맵이 도움돼요.

씽크와이즈 마인드맵을 통해 생각의 틀이 깨졌어요. 저처럼 자기 계발하는 공무원도 많이 없더라고요. 덕분에 업무성과도 좋아졌습니다. 주변 공무원에게도 많이 추천하고 있어요. 제가 쓰는걸 보고 물어보기도 해서 강사과정까지 수료했어요. 은퇴 후에는 강사로 활동하는 게 목표입니다.

P.S 책 먹는 여자

몇 년 전 처음 만났을 때가 생각나요. 공무원 승진시험 준비에 도움이 될 것 같다면서 씽크와이즈 수업을 오셨어요. 독서모임에 참가하실 때도 항상 마인드맵으로 책을 정리해서 가지고 오실 정도로 씽크와이즈를 잘 활용해주셨어요. 은퇴 후 꿈을 이루기 위해 강사과정까지 도전하시는 모습을 보면서 참 멋진 분이라는 생각이 들었죠. 자신이 배운 것을 타인에게 알려주고 싶은 메신저의 삶에 오신 것을 환영합니다.

9
학원운영도 지혜롭게 마인드맵으로!

주니어 영어 학원 운영 21년차 김민선입니다. 학원 콘텐츠 개발과 업무효율을 높이고 싶어서 마인드맵 과정을 신청했어요. 사업체를 오래 운영하다 보니. 멀티플레이어가 돼야 해요. 큰 실수는 하지 않았지만 미로 속을 헤매는 막막함, 답답함을 마인드맵으로 해결해보고 싶었습니다.

손으로 그리는 마인드맵과 디지털 마인드맵을 일대일 코칭으로 하루에 다 배웠어요. 과정이 끝나고 매일 마인드맵 숙제를 하면서 온라인을 통해 피드백을 받았고요. 손으로 그리면서 내가 기록하는걸 좋아한다는 사실도 알게 됐고요. 손이 뇌라는 이야기를 듣고 깨달았어요. 제 손은 키보드를 두드린다거나 휴대폰을 만지작거리는 용도, 밥을 먹는 거 말고는 안 썼거든요. 손으로 그려내면서 생각이 정리되는 기쁨을 맛봤어요. 특히 종이에 그리는 마인드맵은 계속 키워드를 생각해야 하는 과정을 거치니까 뇌가 움직이고 있다는 느낌도 들었어요.

마인드맵은 학습도구이긴 하지만, 업무, 취미생활 등 일상에 다 사용할 수 있어요. 생각이 복잡해서 성과가 나지 않는 분, 목표를 명확히 하고 싶은 분, 사고력을 높이고 싶은 분이라면 꼭 마인드맵을 사용해보세요.

P.S 책 먹는 여자

"어머 이거 재미있다."라는 말을 백번은 들은 것 같아요. 하나를 알려드리면 아이처럼 신기해하고 즐거워했던 김민선님의 모습이 떠올라요. 이십대에 학원경영을 시작하면서 얼마나 많은 우여곡절이 있었을까 짐작이 되지만 소녀 같은 모습은 그녀의 성격을 알 수 있게 해줍니다. 머릿속의 생각을 종이에 꺼내어 정리해본 적이 거의 없었던 그녀는 이제 마인드맵 전도사가 되었답니다. 생각을 눈에 보이게 두면 얼마나 실행력이 빨라지는지 알기 때문이겠죠? 함께 할 수 있어 감사합니다.

씽크와이즈 3개월 쿠폰 신청

10
귀농3년차 감사일기 쓰는 새댁

문경에서 한우농장을 운영하고 있는 귀농 3년차 김은경입니다. 농사일과 소를 키우면서도 자기 계발에 갈증이 있었어요. 검색을 통해 '5분 저널'을 접하고 몇 번 썼는데요. 아무런 양식도 없었고 혼자 쓰다 보니 잘하고 있나 싶더라고요. 블로그 이웃 책 먹는 여자의 감사일기 프로젝트를 신청하고 감사일기를 250일째 쓰고 있어요. 혼자였으면 힘들었을 건데요. 감사일기 프로젝트 함께 하는 분들 덕분에 힘도 얻고 감사 나눔도 하면서 도움을 받고 있어요.

감사 일기를 쓰다보면 무엇을 감사해야 할지 모를 때도 있고요. 감사하기 어려운 상황도 생겨요. 그럴 때는 감사일기 채팅방에 다른 분들이 올린 감사 일기를 보면서 배워요. 걸을 수 있는 것, 오래 전 연락이 끊긴 친구에게 연락을 받은 것, 아팠던 아이의 건강 회복, 나들이하기 좋은 날씨에도 행복하고 감사하다는 기록을 보면서 가지지 못한 것이 아니라, 가지고 있는 것에 감사하자는 마음을 다잡아요.

기록해놓은 감사일기가 쌓여갑니다. 힘들 때면 다시 일기를 펴 봐요. '아. 이때 내가 이런 일이 있었지. 잘 이겨냈구나. 감사하다' 라는 마음이 듭니다. 귀농생활을 하다 보니 남편에게 바라는 게 많 았고 짜증도 잘 냈는데요. 이제는 매일 소중한 사람과 함께 인생을 꾸려나간다는게 감사해요. 자신을 찾고 싶은 분들이 감사 일기를 쓰면 좋겠어요. 하루 10분이라는 시간이면 충분하더라고요.

P.S 책 먹는 여자

바인더 수업 문의차 전화로 처음 인사를 나눴습니다. 또랑또랑한 목소리 로 자신의 상황을 설명한 그녀는 당차다는 느낌이 들었어요. 바인더 수 업을 위해 문경에서 서울로 버스를 타고 왔던 김은경님은 지적 호기심 이 많았어요. 무엇이든 궁금해 했고 자신에게 어떻게 적용할지 고민했어 요. 자신이 사용해보고 좋은 것은 지인에게도 전파했고요. 그렇게 시간 이 지나 감사일기로 다시 만났어요. 혼자 오랫동안 써오기는 했으나 같 이 작성해보고 싶다고 했죠. 우리가 다른 곳에 있을지라도 매일 감사 일 기를 쓰며 서로의 성장을 응원하고 있다는 사실 하나만으로도 감사할 따 름입니다.

11
웨딩업체 대표이사가
감사 일기를 쓰는 이유

웨딩업에 뼈를 묻은 강중혁이라고 합니다. 감사일기가 좋다는 말을 듣고 2013년부터 혼자 썼어요. 아무리 좋아도 혼자 하니까 지속하기 어렵더라고요. 온라인을 통해 함께 기록하는 동기들이 있어서 매일 기록해오고 있습니다. 씽크와이즈 프로그램을 사용하면서 책 먹는 여자를 알게 되었는데요. 그 인연으로 감사 일기까지 함께 하게 되었습니다.

책 먹는 여자 감사일기 양식지에는 그날 다짐도 적을 수 있어요. 매일 목표를 적으면서 해야 할 일을 상기하고요. 꿈리스트를 적으면서 제가 원하는 모습도 끌어당기고 있어요. 감사일기 내용 중에는 매달 시작할 때 월간 목표를 설정하고요. 월말에는 피드백을 하는 과정도 있어요. 감사 일기를 쓰면서 일상적인 것도 감사한 일로 바뀌는 기적을 맛보고 있습니다.

양치질하는 기본적인 습관처럼 감사일기도 매일 써야 하는 기록이라고 생각해요. 자기성찰이라고 할까요? 나를 돌아보는 시간을 통해 긍정적인 모습으로 변하게 됩니다. 삶을 바꾸고 싶다면, 마음밭을 기름지게 하실 분은 감사일기 추천합니다.

P.S 책 먹는 여자

저는 디지털노마드의 삶을 추구하고 현재도 그렇게 살고 있는데요. 강중혁님은 이미 그런 삶을 몇 년 전부터 살고 있는 분이에요. 웨딩업계에서 성공을 한 대표임에도 많은 강의를 듣고, 고객들에게 어떤 서비스를 제공할지 고민하는 모습을 존경해요. 감사 일기를 토대로 신혼부부를 위한 프로젝트도 기획한다고 들었어요. 자신의 가장 좋은 것을 내어 세상을 돕는 강중혁님과 감사 일기를 같이 쓸 수 있어 감사해요.

12
팟빵으로 꿈을 말하는 주부

　부산에 사는 주부 정상미입니다. 연극을 좋아해서 부산과 일본 연극교류 통역하는 일도 하고 있어요. 배우는걸 좋아하는데요. 어느 날 돌아보니 남는 게 없더라고요. 그래서 유튜브를 시작하려고 했는데요. 얼굴을 드러낸다는게 어색하더라고요. 나를 표현하고 싶은데 어떻게 할까 고민하다가 책 먹는 여자의 강의를 신청했어요.

　제가 좋아하는 문학, 연극에 대해 즐겁게 이야기한다는 점이 좋아요. 처음엔 부끄러웠죠. 아무도 안 들어줄까봐 걱정이 됐어요. 일단 팟빵을 시작했어요. 댓글이 한두 개 달리기 시작합니다. '아. 이런 내용도 좋아하는구나. 생각보다 어렵지 않네?' 조금씩 팟빵 녹음 과정을 즐기기 시작했어요.

　어떻게 시작할지 막막했는데요. 팟빵 에피소드가 쌓일수록 아이디어도 늘어납니다. 하고 싶은 이야기가 자꾸 생겨나요. 저요. 꿈도 생겼어요. 이렇게 꾸준히 하면 방송 내용을 엮어서 책도 낼 수 있겠구나, 나도 작가가 될 수 있겠다는 희망에 매일 설레요. 제 팟빵 채널명이 〈설렘 책방〉이거든요. 한번 들어 봐주시겠어요?

언택트시대라고 하잖아요. 팟빵으로도 소통이 가능하더라고요. 내 생각을 말로 표현하고요. 청취자가 댓글을 남겨주면 또 팟빵에 소개하면서 꿈을 이야기하고, 추억을 공유합니다. 함께 하는 동기들의 응원 덕분에 포기하지 않고 모든 미션을 잘 마쳤습니다. 같은 꿈을 꾸는 사람들과 함께 한다는 것이 행복해요.

자신을 표현하는 방법은 여러 가지가 있습니다. 세상에는 한 가지 방법만 있다고 생각한 것만큼 위험한게 없더라구요. 이번에는 팟빵으로 당신의 목소리를 세상에 들려주세요.

P.S 책 먹는 여자

가랑비처럼 은근슬쩍 제 삶에 그녀가 잠입했습니다. 온라인 강의를 통해 화상으로 계속 그녀의 얼굴을 보게 됐어요. 어떤 일을 하는 분일까 궁금했어요. 책이 좋아서, 연극이 좋아서, 부산을 사랑해서 부산문화큐레이터가 됐다고 해요. 정상미님 꿈길에 동행할 수 있어 감사해요.

13
팟빵으로 삶을 창조하는 어린이집 교사

국공립 어린이집 교사 강은숙입니다. 유튜브를 통해 책 먹는 여자 독서모임을 알게 됐어요. 몇 번의 망설임 끝에 독서모임을 신청했는데, 함께한지 벌써 일 년이 되어갑니다. 독서모임을 통해 점차 변하는 제 모습을 보면서 한 단계 성장하고 싶었어요. 마침 팟빵을 시작하도록 도와주는 과정이 생겼어요. 언젠가는 유튜브를 해야겠다 생각했지만, 아직 얼굴을 공개하는건 부담스럽거든요.

컴퓨터를 하나도 모르지만 물어가면서 시작했습니다. 마이크세팅, 녹음편집까지 모든 게 새로웠어요. 막상 팟빵을 시작하고 보니 하길 잘 했다는 생각이 들어요. 인풋만 있었는데 드디어 아웃풋을 하는 통로도 되었고요. 아이들에게 하고 싶은 이야기도 팟빵으로 녹음해서 전달하니까 반응이 좋더라고요. 저의 변화된 모습을 보고 가족과 지인들도 책을 읽기 시작했습니다. 원하면 어디서든 제가 올린 것을 다시 들을 수 있으니까 좋아요. 책을 읽고 좋아서 소개만 했을 뿐인데, 응원 댓글을 보면서 힘이 납니다. 덕분에 책 읽는 기쁨도 늘었어요. 유튜브를 시작해야 하는데 얼굴 나오는게 부담된다면 저처럼 팟빵부터 시작해보세요. 할 수 있다는 성취감 덕분에 매일 행복해요.

P.S 책 먹는 여자

강은숙님은 어떤 수업이든 시작할 때 충분히 따져보고 신청을 했어요. 자신이 이것을 할 수 있을지, 한다면 어떻게 성과를 낼 수 있을지 상담부터 받으세요. 시작은 더디지만 어느 클래스에서든 끝까지 해냈습니다. 블로그 공부를 하다가도 모르면 새벽에 연락을 하고요. 팟빵 수업을 할 때도 답답하면 묻는걸 주저하지 않았어요. 그녀에게서 배웁니다. 모르면 배우겠다는 마음으로 물으면, 강사도 즐겁게 알려준다는 것을요. 강은숙님은 이제 글쓰기도 배운다고 합니다. 조만간 책 먹는 여자 작가친구 리스트에 올라오지 않을까 희망을 가져봅니다.

6장

1인 기업 Q&A 30

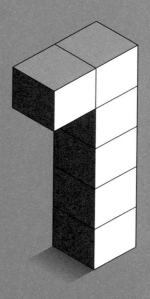

Q1
자기가 잘하는 분야에 대한 확신은 어디서 생기나요?

A 아이들은 칭찬받으면 좋아해요. 어른이 된 어느 순간부터 우리는 칭찬하는 것도 인색하고, 칭찬을 받아도 그대로 받아들이지 않아요. '나 지금 놀리는 건가?'라는 생각부터 들죠. 자기가 잘하는 분야는 스스로 알기도 하지만, 타인을 통해서도 발견할 수 있어요.

1. 시간가는 줄 모르고 하는 것

몰입이라고도 하죠? 그만큼 나한테는 익숙하고 쉽기 때문에 집중이 가능한거예요. 시간가는 줄 모르고 즐겁게 할 수 있는 그것을 찾아보세요.

2. 남들이 나한테 물어보는 것

사람들이 나에게 물어보는 게 있나요? 나한테는 쉬운데, 상대방은 어려워하는 분야가 있어요. 이해가 안 되죠. '이런 것도 몰라?'라는 생각이 드는 것! 관점을 넓히면 보여요.

내가 아는 내용으로 타인을 도와줬을 뿐인데 수익을 창출하는 것이야 말로 최고의 직업이라고 생각해요. 직장이 아니라 직업을 찾으세요.

Q2
간단하고 확실하게 의사 전달하는 방법은 무엇인가요?

A 와. 저한테 물어보는 질문 맞나요? 제가 의사전달을 잘하니까 물어보는 거죠? 의사소통의 중요성은 강의보다 단체 채팅방이나 개인 메시지를 주고받을 때 자주 느꼈어요. 말보다 텍스트가 편해진 세상이지만 의사전달은 그만큼 오해의 소지가 많아요.

1. 결론부터 말한다

구구절절 이야기하다보면 도대체 무슨 말인지 이해하기가 어렵습니다. 독서모임 중 회원들의 말을 들으면서 어떻게 하면 효과적으로 생각을 전달할 수 있을지 고민했어요. '아. 도대체 무슨 말을 하는 거야? 언제 끝나지?' 누군가도 제가 말하는 동안 이렇게 생각할 수도 있잖아요. "된다. 안 된다" 결론부터 말하고 과정, 이유, 근거를 말하려고 노력해요.

2. 반복해서 말한다

사람들은 관심사가 아니면 신경도 쓰지 않습니다. 한 번 말해서는 전달이 안 되는 경우가 많더라고요. 그래서 실수도 많이 했어요. 수강생이 이해했거니 했는데 그게 아니더라고요. 최소 2~3번 반복해서 전달합니다.

3. 원하는 것이 무엇인지 파악한다

잘 들어야 합니다. 수강생이나 고객이 남긴 질문을 통해서 그들이 얻고자 하는 것은 무엇인지 생각해보고요. 못 알아먹으면 전화를 해서라도 알아보고, 알고 싶은 것이 무엇인지 확인 후 안내합니다. 상대방 또한 '이 정도 말하면 알아먹겠지'라고 생각하는 경우도 있고요. 자신이 무엇을 원하는지 명확히 모르는 경우도 있거든요.

말을 잘한다는 것은 스피치 책에 나오는 스킬적인 측면보다는 상대방의 욕구를 이해하려는 노력에서 시작합니다.

Q3
스트레스 푸는 방법이 있나요?

A 네. 같은 질문을 1인 기업 김형환교수님께 했던 적이 있어요.

"스트레스를 왜 받아요? 스트레스를 안 쌓이게 하면 되죠."

"스트레스를 어떻게 안 쌓이게 할 수 있을까요?"

"스트레스가 쌓이기 전에 미리 쉬고, 일정을 조절해야 해요. 1인 기업을 한다고 하루 24시간 일하면 안 돼요."

즉, 자신의 컨디션을 파악하고 스트레스를 예방하라는 이야기인데요. 저는 아직 일 욕심이 많아서 쉬는 것은 쉽지 않아요. 대신 저만의 노하우가 있어요.

1. 휴대폰 방해금지 해놓기

수시로 휴대폰 알람이 울려요. 그때보다 휴대폰을 들여다보면 금방 방전되더라고요. 딱 한 시간이라도 쉬어야 할 때는 휴대폰을 방해금지로 놓고, 다른 장소에 놔둬요. 눈에서 멀어지고 알람 소리가 안 들리면 잠시 잊고 쉴 수 있어요.

2. 카페에 쳐박혀있기

좋아하는 카페가 있어요. 아지트 같은 느낌이죠. 또는 새로운 카페를 찾아가기도 해요. 평상시 읽고 싶었던 책 한 권만 들고 가서 반나절은 책만 읽어요. 그러면 정신도 맑아지고요. 책을 읽다가 떠오르는 아이디어가 있어서 다시 일하고 싶어져요.

3. 나를 사랑하기

스트레스를 받으면 자신에게 짜증이 나요. 깔끔하지 못한 일처리, 널브러진 일감, 정신 사나운 머리를 붙잡고 한숨을 쉽니다. 그럴 때 얼른 정신을 차려요. 자책하지 않으려고 해요. 잘하고 있다고 칭찬도 해주고요. 잠시 산책을 다녀온답니다.

Q4
일을 하며 가장 힘든 점은 무엇인가요?

A 매일 힘들어요. 매일이 새롭거든요. 뭔가 알겠다 싶으면 다른 문제점이 나타나죠. 1인 기업은 스스로 스타이자 매니저라고 생각해요. 모든 상황에 노출되어 있으니 금방 지쳐요.

- 아파서 해야 할 일을 제 때 못할 때
- 회식이 그리울 때
- 모르는 것 투성일 때
- 스스로 시간 관리를 잘해야 할 때
- 안정적인 소득원이 확보되지 않을 때
- 나 빼고 다 잘나가는 것 같을 때
- 힘든데 수강생 컴플레인까지 들어올 때

Q5
책 먹는 여자만의 실행력 높이는 방법 알려주세요

A 와. 진짜 중요한 질문 주셨어요. 감사해요. 자기 계발을 하다보면 슬럼프가 오죠. 같이 수업을 들었는데 친구만 성장하는 것 같고요. 그 이유 중 하나가 실행력이라고 볼 수 있는데요. 저만의 노하우를 소개해드릴게요.

1. 선언한다
혼자 한 약속은 지키기 어려워요. 블로그, 인스타그램, 단체 채팅방 등에 언제까지 무엇을 하겠다고 공표해요.

2. 끝을 상상한다
시작만 하고 끝내지 못한 게 제 전문이었어요. 배운 걸로 만족하고 끝까지 안 했어요. 이제야 그 이유를 알았어요. 한 번도 끝까지 가서 성취해본 경험이 없기 때문이에요. 저만의 실행력 높이는 방법은 강의가 끝났을 때 모습을 상상해보는 거예요. 또는 수업이 끝나고 수강생에게 박수 받는 모습도요. 그럼 힘이 팍팍 납니다.

3. 기록한다

바인더에 매일 해야 할 일을 적어요. 실행력을 높이려면 할 일을 잘게 쪼개어 적어놓고 실천했는지 피드백을 해야 한답니다.

Q6
가장 도움 되었던 명언이나 글이 있나요?

A 네. 있어요. 사명의 기초가 된 책 구절인데요. 구절이 좋아서 5주 동안 캘리그래피를 배워서 직접 써놓기까지 했어요. 마쓰다 미쓰히로가 쓴 청소력의 책 한 구절입니다.

"최고로 빛나는 나를 세상에 제공하겠습니다."

최고로 나를 빛나게 하기 위해 무엇을 해야 할까요? 세상에 제공한다는 것은 무엇이죠? 한 권의 책에서 보석을 캐냈습니다. 구절을 다시 질문으로 바꿔서 오늘 해야 할 일을 생각하고 실천하는 하루를 보내려고 노력해요.

Q7
콘텐츠는 어떻게 찾나요?

A 솔직히 적을게요. 저도 잘 몰랐어요. 그런데 자꾸 이런 질문을 주는 분들이 많아졌어요. 콘텐츠가 좋은데 어디서 찾아냈는지 알려달라는거죠. 질문을 받고 저를 객관적으로 분석하는 시간을 가졌어요.

1. 책을 읽다가

하고 싶은 일이 있고 해야 할 일이 있으면 뇌에 씨앗이 심겨지게 됩니다. 책이 좋은 거름이 돼요. 씨앗이 열매로 변해요. 책을 읽다보면 놓쳤던 아이디어를 발견할 때가 많아요. 이제 그것을 실천만 하면 됩니다.

2. 사람들하고 이야기하다가

1인 기업을 하며 질문하는 습관이 생겼어요. 상대방의 이야기를 듣고 다시 질문을 해요. 그러는 중에 그 사람의 욕구가 무엇인지 생각해보게 되고요. 욕구를 해결해 줄 방법을 찾게 되는 과정에서 콘텐츠를 발견합니다.

3. 나를 바라보다가

유유상종이라고 하죠. 저 같은 사람들이 많더라고요. 즉, 내가 불편한 것은 누군가에게도 문제가 되고요. 내가 배워보고 싶은 것은 누군가의 꿈일 수도 있다는 것을 알았어요. 그래서 제가 해결해야 할 과제가 생기면 그걸 프로젝트로 만들어서 사람들을 모으고 수익을 창출하면서 같이 성장해요.

Q8
유튜브를 시작하려는 사람에게 조언해주세요

A 만나는 사람마다 유튜브를 해보라고 권해요. 그럼 돌아오는 대답은 비슷해요.

"장비는 무엇을 사야 하죠?"

"준비 중이에요."

"살부터 빼고요."

"제가 말을 잘 못해서요."

유튜브를 시작하는 사람에게 딱 한마디만 해볼까요?

"그냥 오늘 당장 시작하세요."

24시간 손에 들고다니는 휴대폰 하나로 시작할 수 있어요. 콘텐츠가 없다구요? 여러분이 하는 일을 그대로 보여주세요. 살부터 빼야 한다고요? 촬영하면서 빼세요. 준비 중인가요? 그러다가 일 년 뒤에 후회할거예요. '그때 시작할 걸...'

처음부터 욕심내지 말고, 내가 아는 것 하나라도 누군가 보고 도움이 되면 좋겠다는 마음으로 소박하게 시작하면 좋겠어요.

Q9
수강생이 한 명이면 어떻게 하나요?

A 이런 고민할 수도 있어요. 정성스럽게 준비한 강의인데 아무도 신청을 안하면 힘 빠지죠. 역지사지라는 말을 좋아해요. 역으로 내가 수강생이 되어 보는거죠. 기대되는 강의라 입금하고 수업 날만 기다립니다. 아뿔싸. 왠지 느낌이 좋지 않아요. 강사에게 연락이 옵니다.

"신청자가 한 분인데..."

수강생 신청이 얼마 없다는 이유만으로 폐강하는 건 좋은 방법이 아니라고 생각해요. 최근에 저도 같은 경험을 했거든요. 15만 원을 내고 2주마다 수업을 듣는 거였는데요. 착실히 준비해서 그 날만 기다렸습니다. 80% 정도의 수강생이 그날 참여 못한다는 이유로 참여하겠다는 2명의 수강생은 강의를 들을 수 없었어요. 기분이 어땠을까요?

강의장 대관 등의 문제로 불가피하게 취소해야 하는 경우가 아니라면, 수강생이 한 명이라도 해야 합니다. 약속을 지켜야 해요. 한명을 감동시켜야 백 명도 감동시킬 수 있습니다.

추신 이 글을 보고 제가 그랬던 적이 있다고 기억하시는 분은 용서해주세요. 저도 매일 과거보다 성장 중이랍니다.

Q10
모임 이름을 잘 짓는 노하우 알려주세요

A 모임 이름을 잘 짓는다고 칭찬해주셨으니 몇 가지 팁을 알려드릴게요. 먼저 제가 지었던 이름을 소개해볼게요.

보화(보험설계사 파이팅) **보험설계사 독서모임**

여시(여자의 시간) **여자들의 아침기상프로젝트**

유별나다(유튜브로 별되기) **유튜브 특강**

바뽀(바인더 뽀개기) **3P바인더 온라인 코칭 과정**

보스(보험스터디) **보험 상식 스터디**

돈터치(돈 만지러 오세요) **금융스터디**

어떤가요? 잘 지었나요? 프로젝트나 강의 이름은 딱 드러나는 제목보다 한번 감싸는 이름을 지으려고 노력해요. 거기에 스토리를 입히는 거죠. 보화는 금은보화가 떠오르죠. 보석이구요. 고객에게 보장을 전달하는 보험설계사도 그런 존재라는 의미와 독서로 자신을 성장하려는 보험설계사들을 응원하게 위해 〈보험설계사 파이팅〉이라는 의미를 입혔어요.

제목이 한 번에 떠오른 적은 없어요. 제가 해야 할 프로젝트 내용을 계속 고민하고요. 앞자리를 따서 국어사전도 찾아봐요. 그러다 갑자기 확 생각이 날 때가 있어요. 주로 변기 위에 있을 때나 머리를 감을 때요. 어이없는 상황이죠. 그래서 화장실에는 항상 포스트잇과 볼펜을 놔둔답니다.

추신 수강생들한테도 의뢰를 자주 받아요. "이름이 안 떠올라서 모임을 못 올리고 있어요" 이렇게 연락이 와요. 몇 개 지어드린 사례를 소개합니다.

퇴근 후 직장여성인들의 독서모임　**미미클럽**(나를 만나는 곳, me meeting, 어렸을 적 가지고 놀았던 바비인형 회상)

갱년기 여성들을 위한 성장모임　**갱스타**(반짝이는 갱년기)

스마트스토어 부업 강의　**스스로 100**(스마트스토어로 월 100만 원 벌기)

Q11
처음 강의료는 얼마를 받으면 좋을까요?

A 첫 강사수입은 씽크와이즈를 통해서 발생했어요. 2시간에 3만 원으로 총 4명 수업이었어요. 왔다갔다 왕복 2시간까지 포함하면 절대 높은 금액은 아니죠. 그렇다면 안 해야 할까요? 간호사 직업체험 수업을 1시간에 3만 원씩 받고 2시간하기도 했어요. 서울경기권 중고등학교에 다녔는데요. 두 시간 수업하고 나면 반나절이 후딱 갑니다. 처음에는 수업료를 따져가며 강의하지 않았어요. 일단 나를 알아주고 불러주니까 감사했거든요. 시간값 계산 개념도 없었고요. 대신 수업에 다녀오면 항상 블로그에 후기를 남겼어요.

그랬더니 다른 기관에서 연락을 주더라고요. 강의료가 2시간에 7만 원으로 책정된 곳이었어요. 첫 번째 업체와 병행하면서 스킬을 탄탄하게 만들었어요. 세 번째 기관을 통해 2시간에 11만 원 받게 되면서 첫 업체는 그만뒀어요. 한번 책정된 수강료는 바꿀 수 없으니 처음이 중요하다는 말도 있는데요. 저의 경우에는 사정이 달랐어요. 출강요청이 오면 거기서 책정된 금액으로 무조건 수업을 합니다. 업체에서 가끔 제가 강의하지 않는 콘텐츠로 해달라는 문의가 오거든요.

"혹시 이런 강의도 가능하신가요?" 무조건 OK하고 그때부터 강의안을 만들어요. 그리고 출강 한 후, 동일 콘텐츠로 개인강의를 하면 되니까요. 저도 찾아내지 못했던 아이디어를 발견하게 되는 고마운 순간이죠.

모임비용, 강사료가 고민이라면 나와 비슷한 콘텐츠를 가진 사람이 있는지 찾아보세요. 어느 정도 비용을 책정했는지 참고해도 좋아요. 책 먹는 여자가 생각하는 강의료 산정에 대해 몇 가지 이야기해볼게요.

1. 처음부터 무료 강의는 하지 마라

"내가 초보 강사니까…"

"와주는 것만으로 감사하니까…"

이건 수강생에 대한 예의가 아니라 자신감 부족으로 인한 변명입니다. 첫 수업이어도 1만 원이라도 받으세요. 그래야 듣는 사람도 자세가 달라지고 강사도 책임감이 생깁니다. 저도 가끔 무료강의를 하는데요. 그냥 하는 게 아니에요. 세상에는 공짜가 없다고 하는 말 진짜입니다. 무료강의를 통해 홍보하고자 하는 게 있기 때문이에요. 지금 쓰고 있는 Q&A 파트 질문은 실제 수강생들에게 받은 질문으로 구성했어요. 〈배움을 돈으로 바꾸는 기술〉이라는 무료 온라인 특강을 통해서 말이죠. 수강생들은 제 노하우를 공짜로 듣는다고 생각하지만, 저에게는 그들이 남긴 질문이 수강료보다 값어치가 있기 때문이죠.

추신 단, 내가 알고 있는 것을 SNS(블로그, 유튜브 등)에 꾸준히 올리는 것으로 무료마케팅을 시작해 보세요.

2. 그래서 얼마를 주겠다고?

출강을 다니면서 제 기준이 생겼어요. 외부 업체나 기관에서 요청이 온 경우는 시간당 30만 원으로 제안을 해요. 서울 이외 지역이면 당연히 교통비는 별도산정이나 실비청구를 하고요. 개인적으로 출강 요청이 와서 타 지역을 간다면 이렇게 비교 해봐요.

1인당 수강료 7만 원인 수업에서 10명 수강생 부산 출강요청이 온다면,

서울에서 할 경우 : 7만 원/1인당 × 10만 원 = 70만 원

−지출: 대관(사무실 이용으로 무료), 간식비 1만 원, 교재비 준비 5만 원

−강사 : 64만 원 소득을 계산해볼 수 있어요.

부산이라면 교통비 10만 원 별도, 대관은 수강생이 빌릴 수 있는 장소 요청 또는 수업료에 포함하기도 하는데요. 그럼 교통비 10만 원만 추가해도 80만 원이지요? 이럴 때는 수강료를 인당 7만 원이

아닌 8만 원으로 제안해도 괜찮아요. 또는 얼마에 해주라고 조르는 분들이 있는데요. 스트레스 받지 말고요. 가야 할 상황이면 그 정도에 맞춰 강의를 준비하거나, 거절하면 됩니다.

초기에는 시장에서 콩나물 값 흥정하듯 싸게 해달라는 분들에게 일일이 맞춰주고, 스트레스도 엄청 받았어요. 나에게 경험이 될 만한 강의이면 무조건 하고요. 어떨 때는 교통비만 받고도 다녀오기도 했어요.

3. 내 몸값을 높여라

몸값은 아무도 올려주지 않아요. 스스로 올려야 하죠. 블로그를 통해서도 강의 요청이 자주 들어왔는데요. 유튜브를 하면서 찾는 곳이 많아졌어요. 책까지 쓰니 작가라는 호칭 덕분에 기업에서도 선호하더라고요. 블로그를 해야겠지요? 유튜브도 찍어야 하고요. 아... 책까지 갈 길이 멉니다. 모든 것은 결국 하나로 통해요. 점들이 이어지면서 멋진 별자리가 그려지는 것 처럼요.

몸값을 높이기 위해 책 한권을 더 읽는 것, 좋은 강의를 찾아 듣는 것, 만나고 싶은 멘토를 찾아가 조언을 구하는 것부터 시작해보시면 좋겠습니다.

Q12
어떻게 강의 방향을 잡게 되었나요?

A 질문 감사해요. 책 먹는 여자 콘셉트는 BBM으로 요약할 수 있어요.

  B Book
  B Binder
  M Mindmap

제가 하는 일을 가만히 들여다보니 매일 책을 읽더라고요. 바인더도 24시간 펼쳐보고요. 항상 씽크와이즈 마인드맵으로 작업을 했어요. 아하! 그거구나 생각했죠. 현재는 일반인 대상으로 독서모임, 바인더 수업, 마인드맵 코칭을 하고 있는데요. 시간이 지나면 1인 기업가, 창업을 준비하는 분, 영업인을 대상으로 〈2배 매출의 아이디어를 찾아내는 독서법〉, 〈일과 삶에서 10배 행복해지는 자기관리법〉, 〈남다른 나만의 매뉴얼 만들기〉 등 강의도 도전해보려고 해요.

아! 결론은요. 내가 평상시에 무엇을 자주 하는지 살펴보세요. 제3자를 관찰하듯 말이죠. 매일 행동을 기록하다 보면 쉽게 찾아지기도 해요. 중요한거 알려드릴까요? 콘셉트 찾느라 아무것도 안 하는 것보다, 일단 뭐라도 해보는 게 좋아요. 마치 그물로 고기를 건져내는 것처럼요. TV에서 보면 큰 그물망으로 사람들이 우르르 한 곳으로 고기를 몰아가는 장면이 나오잖아요. 그렇게요. 그러다 보면 몇 마리는 도망가고 몇 마리는 그물 밖에서 헤엄치겠죠. 그럼 어때요? 그물망에는 많은 물고기들이 남아 있잖아요. 하다보면 알게 되는 것들이 있는데요. 사람들은 안 해보고 바로 답을 찾는 경우가 많아요.

Q13
많은 프로젝트를 하다보면 운영하는 단체 채팅방도 많은데요. 어떻게 관리하시나요?

A 질문에서 이런 표현도 하셨죠?

"단체 채팅방에 많은 댓글 때문에 토 나올 정도예요."

정보를 얻기 위해 참여한 곳에도 하루에도 몇 백개의 메시지가 오가다보면 클릭하기 두려울 정도입니다. 처음 온라인 운영을 진행할 때는 열정적으로 모든 메시지에 답장을 남기려고 했어요. 어떻게 됐을까요? 재미와 소통보다는 의무감이라는 마음에 점점 메시지를 보기가 힘들더라고요.

지금은 두 가지 방식으로 단톡방을 운영해요. 첫째, 시간을 정해놓고 들어가요. 몰아서 보려고 해요. 예를 들어 바인더 온라인 코칭은 40명 정도의 수강생의 한 방에 모여 있습니다. 수강생들 스케줄에 따라 과제물을 올리는 시간이 달라요. 즉각적 반응을 해주다보면 다시 질문이 들어오고 또 대화가 이어집니다. 그럴때는 오전에 피드백을 한번에 남겨요. 30분 정도 걸립니다. 다시 저녁에 같은 방식으로 진행하고요.

둘째, 모든 것에 참견하지 않으려고 해요. 제가 개설한 채팅방이지만 제 것이 아니라고 생각해요. 모여 있는 분들이 저 없이도 대화하고 친해지면 좋은 거잖아요. 주고받은 대화 중 제가 알려드려야 할 정보성 글만 답장을 남기기도 해요.

"자유롭게, 그러나 절제하면서..."

서로 소통하고 정보 공유하는 문화만 만들어진다면 리더의 역할은 충분하다고 생각해요. 대신 필요할 때는 슈퍼맨처럼 짠 나타나야겠죠?

Q14
퇴사의 두려움은 어떻게 극복하셨나요?

A 저는 퇴사전문가예요. 이런저런 핑계로 같은 업종에서 직장도 몇 번 옮겨다녔구요. 또래에 비해 직군도 여러 차례 바꿨어요. 그럴 때마다 두려움은 있었습니다. 기대와 두려움은 같은 말이라고 생각해요. 느끼는 감정이 어떻게 보느냐에 따라 달라지는 거죠.

두려움이 싫어서 두려워하는 일을 하지 않았어요. 그랬더니 결국 그 결정이 저의 발목을 잡았습니다. 이렇게 살면 안 되겠다 싶었어요. 두려워하는 일을 하나씩 해보기 시작했어요. 생각보다 어렵거나 힘들지 않았어요. 과거에 하지 않았던 일들이 후회됐어요. '그때 했어도 됐겠구나….'

다시 이야기해볼게요. 바꿀 수 없는 상황은 같습니다. 내 관점은 바꿀 수 있습니다. '자기결정권'을 가지세요. 두렵다는 것은 내가 해야 할 일인데 힘들거나 비판을 받을까봐 미리 느끼는 감정입니다. 두려움을 극복하는 것은 두려워하는 일을 해버리는 방법 밖에는 없어요.

질문하신 분은 이런 대답을 원치는 않으셨을 것 같아요. 현실적인 조언을 남겨볼게요.

 퇴사할 것인가? 말 것인가?

1. 인간관계 때문이면 그만두지 않는다

어디를 가도 나를 괴롭히는 인간은 있습니다. 도망가지 말고 해결해 보세요.

2. 급여의 80% 정도, 부수입으로 창출되지 않으면 그만두지 않는다

어차피 회사 다니면 매달 월급은 나오잖아요. 직테크라고 하던데요? 그 돈으로 퇴근하고 공부도 하고, 주말에는 좋은 사람들도 만나보세요. 수입이 끊기면서까지 당장 그만둬야 할 생존의 문제가 없다면요.

3. 행복한지 객관적으로 따져보고 그만 둔다

늪에 빠지면 아무것도 보이지 않아요. 퇴사를 생각하면 모든 게 거기에 맞춰져서 생각되죠. 인생에서 지금 다니는 직장은 하나의 점이에요. 내 목표, 사명을 이루기 위한 과정이죠. 퇴사가 사명의 길에서 올바른 과정인건지 생각해보세요. 내가 가는 길에 불을 밝혀주는 도구인지 따져보자는거죠.

　그런데요. 이런 저도 다시 그때로 돌아간다면 또 그만둘 것 같아요. 꼰대같은 말일수도 있는데요. 지나고 보니 전혀 상관없을 것 같았던 삶이 하나씩 이어져 또 다른 세계가 창조되는 경험을 하고 있어요. 간호사, 보험사 보상팀, 보험사 영업팀, 자기 계발 강사, 1인 기업가는 동떨어졌는데요. 뜯어보면 황금실로 이어져있어요.

　지금 당신의 삶이 미래의 모습입니다. 오늘 할 수 있는 일을 감사히 하면서, 내가 원하고 할 수 있는 일을 찾아가되, 지금 하는 일이 샛길이라 느끼면 정리하는 용기도 응원합니다. 저도 어려운 질문입니다.

Q15
블로그 왕초보는 어떻게 부업을 시작해야 할까요?

A 질문에 답이 있는 것 같아요. 역으로 이야기하면 부업을 하려면 블로그가 있어야 한다는 말 인거죠? SNS 도구도 중요한 측면인데요. 일단 블로그가 없더라도 부업 콘텐츠는 있으신가요? 그렇다면 단체 채팅방을 활용해보세요. 글과 사진을 올려서 모집을 하는 거죠. 끝입니다. 쉽죠?

　SNS의 기본으로 블로그를 중요하게 생각하지만, 블로그가 없다고 해서 아무것도 못하는 것은 아니에요. 준비가 안 되서 못한다는 마인드보다 '그럼 나는 무엇을 할 수 있을까?'로 생각해보면 좋겠어요.

　블로그 왕초보라면 일단 블로그에 글을 써요. 당연히 이웃도 적고 노출수도 적겠죠? 그럼 그 블로그를 다시 채팅방에 공유해요. 페이스북에도 링크를 남기고요. 블로그 글을 캡처해서 인스타그램에도 올려요. 이가 없으면 잇몸으로 하면 돼요. 거기서 한명씩 고객을 늘려가면 됩니다.

Q16
부수입은 발생시키고 있는데요. 어떻게 하면 확장시키고 안정적인 수입원으로 전환할 수 있을까요?

A 와. 이 질문을 받으니 제가 이미 그런 사람이 되었다는 생각에 미소가 지어져요. 부수입이 창출되고 있는 점 축하드립니다. 파이프라인을 더 많이 더 깊게 하겠다는 전략인거죠? 저도 이 과정에 있어서 아직 부족하지만 몇 가지 이야기해볼게요.

첫째, 사람들을 모으세요. 즉, 단체 채팅방 유입이겠죠? 10명 들어오면 30~40%는 이탈합니다. 그런가보다 하세요. 나와 에너지가 맞지 않아 탈퇴한 사람까지 신경 쓰지 않아도 됩니다. 두 번째, 현재 진행하는 부수입을 기반으로 심화과정을 할 수 있나요? 그걸 만들어보세요. 사람들의 불편함을 찾았나요? 그걸 해결할 수 있는 모임을 만들어보세요. 세 번째, 스스로 브랜드가 되면 됩니다.

Q17
여러 가지 일을 혼자서 다 할 수 있는 방법이 있나요?

A 이러다가 죽어요. 혼자 다 한다기보다는 제가 할 수 있는 만큼만 하려고 해요. 아이디어 노트에 적어놓은 기록이 많아요. 아직 해보지도 못한 강의나 모임에 관련된 것들이에요. 그 중에 현재 내가 할 수 있는 일, 트렌드상 흐름에 맞춰 해보면 좋을 내용부터 우선순위대로 올리고 있고요.

제가 할 수 있는 만큼만 할 때, 제대로 잘 할 수 있는 방법 몇 가지만 소개해볼게요. 첫 번째, 데드라인부터 기록합니다. 12월 31일까지 보고서를 써야 한다면 그 날짜에 보고서 제출이라고 적어요. 아래 예시로 남겨볼게요.

기록 순서

12월 31일　보고서 제출

12월 28일　　보고서 80% 마무리

12월 24일　　보고서 50% 마무리

12월 12일(오늘)　보고서 관련 자료 조사, 정리하기

　시간 관리에서 말하는 EMS(End, Middle, Start) 역산스케줄링 방식을 활용해요. 큰 목표를 잘게 쪼개서 과정을 눈에 보이게 기록하는 거죠. 그럼 오늘 해야 할 일을 알게 되요. 매일 딱 정해진 목표만 하면 되니까 두려움이나 스트레스도 줄어요.

　두 번째, 매뉴얼을 만들어요. 쉽게 말하면 시간계획표 또는 설명서라고 생각해도 좋아요. 하는 일을 하나씩 기록해 놓으면, 다음 번 같은 일을 할 때 매뉴얼만 보면 되니까 실수도 줄어들고 시간도 절약된답니다.

　이 질문을 보는 순간 아차 싶었어요. '제가 모든 일을 하는 것처럼 보이는구나' 성격이 특이해서 일을 다른 사람에게 못 맡기는 타입이에요. 위임도 할 줄 알아야 하는데, 아직은 제 손으로 하는 게 편하기만 합니다. 앞으로 해결해야 할 숙제이기도 해요.

Q18
습관 만들기가 어려워요. 습관 만드는 노하우가 있나요?

A 나쁜 습관은 금방 내 것이 되는데, 좋은 습관은 도통 친해질 기미가 없어요. 희한하죠? 습관도 게임처럼 해보면 어떨까요? 이루고 싶은 목표, 내 것으로 만들고 싶은 습관이 있다면 체크리스트를 활용해보세요. 한번 실패하면 포기하는 분들이 많은데요. 그럼 다시 시작하면 됩니다. 완벽보다는 완성되어간다는 마음이죠. 기억해주세요.

포기는 일러요. 레드썬을 외치고 오늘부터 다시 1일을 시작하세요. 매일, 매주, 매달 좋은 습관은 오늘의 행동 하나로 만들어져갑니다.

Q19
강의개설을 하고 싶은데 어려워요

A 질문을 두 가지 의미로 해석해 볼 수 있어요. 첫째 강의를 개설하고 싶은데 어떤 내용으로 해야 할지 모르겠다는 것인가요? 둘째 콘텐츠는 있는데 강의를 어떻게 기획하고 홍보해야 하는지 모르겠다는 뜻일까요?

콘텐츠부터 찾으셔야 한다면 두 가지 방법이 있어요. 첫 번째로는 돈을 들여서 직접 강사과정이 있는 프로그램에 참여하는 거예요. 강사양성과정을 들은 후에는 강의할 자격이 주어지죠. 강사과정은 강의를 하기위한 커리큘럼이라서 도움이 될거예요. 두 번째로는 내 경험을 콘텐츠화하는 거예요. 과거에 성공했던 경험을 정리해서 그 과정과 방법을 강의로 올리는 거죠.

강의 자체도 어려움이 있어요. 강의준비는 강의 전, 강의 도중, 강의 끝난 후 세 단계로 구성이 되요. 아래 순서대로 적어볼게요.

<강의 전>

- 아이디어가 떠오르면 바로 메모를 합니다.
- 주변에 비슷한 내용으로 강의를 하는 강사가 있으면 시간, 비용, 내용을 참고합니다.(참고하라는 뜻은 베껴서 똑같이 하란 말은 아니에요)
- 이미지 템플릿(망고보드, 미리캔버스, 캔바 등) 강의 포스터를 만듭니다.
- 블로그에 홍보 글을 올립니다.
- 인스타그램, 채팅방에 2차 홍보를 합니다.
- 마감 전까지 홍보를 멈추지 않습니다.

그렇다보니 저는 조기마감이 많아요. 매일 홍보를 하죠. 홍보한 듯 안 한 듯 자연스럽게 하다 보니 마감이 빨라요. 초보 강사들은 홍보에 두려움이 있습니다. 한 번 하고 끝내는 경우도 많더라고요. 당신의 도움이 필요한 고객이 당신을 찾고 있는데 어디 있는지 몰라서 다른 사람에게 돈을 쓰면 안 되잖아요. 고객이 나를 찾아오도록 먼저 문 앞에 가 있어야 합니다. 그래야 바로 문을 열어주죠.

"아. 내가 딱 필요했던 강의인데!"

"저 신청하려고 했는데, 어떻게 알고 공유하셨어요?"

우연을 가장한 필연을 계속 만들어내세요.

<강의 중>

강의 중에 해야 할 일은 우리가 아는 내용입니다. 강의 들으러 다

넜을 때를 떠올려보면 좋겠죠?

강의장은 최소 30분 전에 도착해서 준비를 마무리합니다.

테이블 정리, 준비물 체크, 노트북 연결 등 수강생이 도착하기 전에 강의할 준비가 끝나야 합니다.

"모든 수강생은 주인공이다."

제 철칙이에요. 독서모임에서도, 강의 중에도 수강생을 주인공으로, 그날의 주연으로 느끼게 해요. 주연은 카메라세례를 많이 받죠. 네. 맞습니다. 수강생들 사진을 많이 찍어요. 내가 사진을 찍히고 있다는 느낌이 들면 기분이 좋아지죠. 허리도 꼿꼿해지고 표정도 좋아집니다. 강사가 조금 더 고생하면 되요. 다른 수업에서는 수강생들이 강사사진을 찍던데... 제가 찍히는 경우는 희박합니다. 수강생들은 제가 사진 많이 찍는 거 아니까 아예 휴대폰도 안 꺼내더라고요.

\<강의 후\>

꼭 후기를 받아요. 종이에 한 줄이라도 받습니다. 후기는 강사평가라기보다는 수강생이 강의에 대해 생각해보고 정리하는 시간으로 정의해도 좋아요. 의외로 수업후기를 안 받는 강사들도 있더라고요. 창피하대요. 후기는 수강생을 위한 것이라고 이야기하고 당당하게 요청하세요.

집에 돌아오면 그날 촬영한 사진과 수강생 후기를 모아 블로그에 후기를 올립니다. 다음 과정이 개설될 때는 후기 포스터를 활용해서 또 홍보하고요. 어떤 강의를 해도 위의 시스템은 크게 벗어나지 않습니다.

Q20
언제 글쓰기 영감이 오나요?

A 질문 감사해요. 영감님 기다리다가 글쓰기 날 샙니다. 나탈리 골드버그 《뼛속까지 내려가서 써라》 책 추천해요. 1인 기업가를 위한 책 쓰기는 영감에 의해서라기보다는 전략이기도 해요. 문학적 글쓰기에 대한 질문이라면, 일상이 글감이라고 생각해요. 비오는 날 아침 우산위로 떨어지는 빗소리, 골목에서 아이가 엄마에게 아이스크림 사달라고 조르는 목소리, 길가에서 싸우는 연인 모든 상황이 글감이 되더라고요.

사물이나 상황을 다른 눈으로 바라보고 내 경험을 비추어 보면 글감은 무궁무진합니다.

Q21
성장하고 싶어도 시간적 제약과 역량부족인 것 같아요. 효율적인 시간관리 비법이 있나요?

A 책 먹는 여자 수강생 질문입니다. 이 질문으로 독서모임때 이야기를 나눴어요. 함께 시작한 동기들은 모두 자기 자리를 찾아가는 것 같은데 혼자 제자리라고 속상해하셨어요. 그때 같은 자리에 있던 회원들의 반응은 어땠을까요?

"나도 그랬어요. 저만 동떨어져서 비교되니까 힘들었어요."

정말 제자리일까요? 1%도 성장하지 않았을까요? 2주마다 토요일에 근무를 하고, 근무가 없는 날은 독서모임에 참여하는 것이 보통일인가요? 재테크 책을 읽고 주식투자도 직접 해보는 게 아무나 하는 일인가요? 성장의 비교를 타인이 아닌 나의 잣대로 체크해보세요. 아무 노력하지 않아도 머리카락과 손톱은 매일 자랍니다. 한 달 전에 깔끔하게 잘랐는데 어느날 보니 덥수룩합니다.

우리의 성장도 그렇지 않을까요? 시간을 견뎌내면 좋겠습니다. 아참! 시간관리 비법 물어보셨죠? 비법은 하나입니다. 매일 기록하고 피드백해서 개선할 것! 이것 말고는 답이 없습니다.

Q22
책을 많이 읽고 싶은데 현실은 제 마음과 달라요. 책을 많이 읽는 방법이 있나요?

A 독서를 하려는 마음이 있으셔서 좋아요. 바쁘다는 이유로 책을 멀리하는 사람도 있죠. 책 먹는 여자도 한 달에 최소 열 권 이상은 읽고 있는데요. 직장생활 할 때보다 많이 보고 있어요. '거봐. 시간이 자유로우니까 책을 많이 읽는거네. 나는 직장을 다니니까 못 보는 거니까 괜찮네?' 이렇게 생각하나요?

시간이 많아서 책 읽을 시간이 생기는 게 아니구요. 책 읽는 시간을 미리 떼어놓아야 합니다. 속상한 일이 있으면 책장 앞에 서서 마음공부 관련된 책을 꺼내들고 읽습니다. 걸어서 이십분 정도 걸리는 사무실에 가면서는 재테크 관련 오디오북을 들어요. 자기 전에는 끌어당김 책이나 자기계발서를 읽으면서 마무리해요. 독서모임을 하니까 일주일에 강제적으로 두 권씩은 읽어야 합니다. 책도 읽다보면 속도가 빨라져요. 같은 주제를 모아서 읽는 것도 방법이고요. 책을 많이 읽는 방법은 다양한데요.

요즘은 많은 책을 보는 것보다 한 권의 책에서 본질을 찾아내려고 노력해요. 내가 당장 필요하고 얻고 싶은 구절을 찾으면 끝까지 읽지 않아도 책을 덮어요. 만 오천 원짜리 책 앞부분에서 강의 아이디어를 얻었어요. 책 덮고 당장 아이디어를 실천해야죠. 최소 10배에서 100배 이상 수입을 창출할 수 있으니까요.

Q23
배움을 돈으로 바꾸는 기술이 부려워요. 그런 용기는 어디에서 나오나요?

A 내가 알고 있는 것 하나가 지구반대편 한 명에게라도 도움이 된다면 족하다는 마음을 가지고 살아요. 오늘 새로운 사실 하나를 알았어요. 혼자 아는 것으로 끝내지 않고 블로그나 유튜브에 올려요. 그럼 주변사람들도 알게 되죠. 누군가에게 도움이 되는 존재라는 사실 멋지지 않나요? 오늘을 살아갈 힘이 됩니다.

Q24
북튜버 되는 방법과 수익을 창출하는 방법이 궁금합니다

A 유튜브에서 책을 소개하는 사람을 '북튜버'라고 이야기해요. 북튜버가 되는 방법이 궁금하신가요? 아래 정리해볼게요.

① 유튜브 채널을 개설한다.

② 책을 읽는다.

③ 책소개 동영상을 찍는다.

④ 편집 또는 원본영상을 유튜브에 업로드 한다.

지금 장난하는 거냐고 말하고 싶나요? 설마요. 장난 아니에요. 그럼 조금 더 디테일하게 해볼까요? 책을 소개하는 게 어렵다면 이런 방법이 있어요.

1. 영상을 찍기 전 메모를 한다

- 객관적 내용 : 작가소개, 정가, 출판사, 마음에 들었던 구절 몇 개
- 주관적 내용 : 책에서 느낀 점, 내가 실천해볼 점, 이 책을 읽으면 좋을 독자, 추천이유

2. 영상을 찍다가 실수하면 그 부분부터 다시 찍는다

- 간단한 편집으로 잘라내기가 가능

3. 편집은 중요하지 않다

초보 유튜버의 영상은 질적으로 낮은 수준입니다. 그런 영상에 굳이 편집을 해야 할까요? 저도 몇 달 전 찍은 영상을 보면 촌스럽고 어색해요. 초기 6개월 정도는 영상만 꾸준히 올리세요. 그러면서 말하는 스킬도 늘고요. 콘텐츠 구성도 잘하게 되고, 영상 촬영도 처음보다 좋아지겠죠. 거기서 하나씩 편집을 추가해보면 어떨까요?

유튜브 수익 창출은 다양합니다.

- 애드센스 광고가 붙으려면 구독자 1000명, 4000시간 조건 만족을 해야 해요.
- 유튜브 노하우가 쌓이면 개인특강을 할 수도 있어요.
- 유튜브를 보고 기업이나 기관에서 강의 요청이 와요.

Q25
책은 많이 읽는데 적용을 잘 못하겠어요. 아이디어를 얻고 적용하는 방법이 궁금해요

A 책 먹는 여자에게 딱 맞는 질문 감사해요. 왜 책 먹는 여자라는 네이밍을 만들었는지 아세요? 눈으로 보고 끝내는 것을 책을 '읽는 다'는 표현으로 재정의했구요. 책을 읽고 내 삶에 하나라도 실천해 보는 것을 '먹는다'는 의미를 부여했어요. 밥을 먹으면 화장실에 가야 하는 것처럼 말이죠.

책을 많이 읽는데 적용하지 못해 힘드시군요. 많이 읽는 것과 적용하는 것은 별개의 문제입니다. 한 권을 읽어도 뽑아낼 아이디어가 엄청나거든요. 그러나 욕심은 금물입니다. 한 권의 책에서 하나의 메시지만 뽑아서 한 가지만 실천하는 게 제 목표입니다.

One Book, One Message, One Action

제가 책에서 뽑아낸 아이디어 몇 개만 이야기해볼게요.

- 《최고의 변화는 어디서 시작되는가》
  환경설계의 중요성을 깨닫고, 감사일기 30일 온라인 프로젝트 시작, 현재 1년째 진행 중

- 《훔쳐라 아티스트처럼》
  공유의 중요성을 알게 되어, 모든 프로젝트 또는 강의 준비과정을 블로그에 공유

- 《백만장자 메신저》
  메신저의 수익화 중 일대일 미팅의 중요성을 알게 되어, 빅리치 컨설팅을 시작

Q26
가지고 있는 역량을 찾아서 수익화하고 싶어요

A 역량을 어떻게 찾을 수 있을까요? 나에 대해서 기록해보고요. 낯선 장소에서 새로운 사람도 만나보세요. 관심 없었던 분야에 도전해서 배워보기도 하고요. 혼자 여행도 떠나보세요. 하루 종일 책만 읽기도 하고요.

제가 추천한 방식은요. 흰 종이 한 장 꺼내서 10대부터 쭉 적어보는거예요. 좋았던 경험, 힘들었던 일, 기억나는 대로요. 그 일을 통해 내가 얻은 것은 무엇이었나요? 남다른 공부법으로 자격증은 쉽게 땄나요? 〈국가고시, 나처럼 하면 30일 만에 합격한다〉 이런 강의 어때요? 남들은 매번 실패하는 다이어트를 요요 없이 유지하고 있나요? 〈헬스장 안 가고 10kg 빼는 특급 노하우〉 어때요?

당신의 경험은 돈이 됩니다. 삶을 스토리로 만들어보세요.

Q27
언제부터 어떻게 해서 파이프라인 20개를 가지게 되었나요?

A 《파이프라인 우화》책 읽어보셨나요? 육체적 노동으로 물을 나르는 브루노와 파이프라인을 만드는 파블로 이야기인데요. 당장의 수입을 위해서는 몸을 쓰는 일을 해야 하지만, 결국 몸이 망가지면 아무것도 얻을 수가 없죠. 대신 파이프라인을 만들기까지는 눈에 보이지 않는 성과로 답답하기도 해요. 사람들의 손가락질도 받아요. 아이디어를 숙성시키고 가진 자원을 활용해서 유형의 것으로 만들어내는 과정은 시간이 걸리거든요.

파이프라인 20개는 도깨비 방망이처럼 하루아침에 뚝딱 만들어지지 않았답니다. 2007년도에 시작한 블로그부터 최근 운영하는 스마트스토어까지... 즐거운 과정이기도 했고 지치고 힘든 시간도 있었어요.

이쑤시개처럼 얇고 짧았던 파이프라인은 어느 순간 나무젓가락

사이즈가 됐어요. 모이고 보니 이제는 막 심어놓은 어린 나무만큼 자라고 있습니다. 일단 한 개부터 만들어본다는 마음으로 시작해보시길 바래요. 거기서 결과물이 나오기까지는 일 년이란 시간이 걸릴 수도 있어요. 그럼 두 번째 파이프라인은 9개월, 세 번째는 6개월... 점점 짧아지지 않을까요?

추신 주식도 종목별로 분산투자를 하죠? 1인기업이라면 이 점을 기억해주세요. 소득바구니가 하나이면 거기서 돈이 들어오지 않을 경우 사람은 올바른 선택을 하지 않게 됩니다. 그래서 오프라인과 온라인을 수업으로 배분한다거나, 2-3개의 강의를 꾸리거나, 강의와 상품을 파는 형태로 다양화해야 합니다.

Q28
나이 들어서까지도 연장해서 일할 수 있는 방법이 있을까요?

A 구본형 작가님의 《그대, 스스로를 고용하라》 책에 보면, 일은 어른들의 놀이라는 표현이 나와요. 어렸을 때는 부자되면 직장 때려치고 놀러나 다녀야겠다 생각했어요. 지금은요? 좋아하는 일로 돈을 버는데 굳이 그만 둘 이유가 있나요? 대신 돈에 매이지 않고 언제든 그만두고 다시 시작해도 되는 자유가 주어진 거죠.

지금처럼 강의하고 글 쓰면서 SNS 활동하는 것은 취미였어요. 퇴근 후 또는 주말에 하는 활동이었죠. 이제는 취미가 본업이 됐어요. 24시간 집에 있어도 매일 돈이 들어오는 시스템도 있구요.

나이 들어서도 즐기면서 일하는 방법은 지금부터 그런 일을 찾는 것부터 시작이에요. 돈이 안 들어와도 평생 하고 싶은 일이 있나요? 좋아요. 그것으로 소득을 창출하는 방법을 찾아보세요. 분명히 누군가는 거기에 돈을 지불할 거예요.

Q29
사람들을 내 팬으로 만드는 방법이 있나요?

A 요즘은 '찐'이라는 표현을 쓰더라구요. 찐팬. 찐하다는 의미도 있을 것이고, 한자 眞 참 진의 강한 발음인 것도 같아요. 사람을 내 팬으로 만드는 방법은 '마음'입니다. 신뢰감이기도 하겠죠?

온라인으로 수업이 진행될 경우 수강생과 일대일 소통할 방법으로 코칭을 도입해서 한분씩 이야기를 나눠요. 삼십분만 같이 이야기를 나눠도 충분해요. 그분의 이야기를 들어주고, 질문하면서 진행을 하는데요. 코칭이 끝나면 답답한 마음이 풀리는 것 같다고 하시더라구요.

찐팬을 만드는 방법은 내가 찐사람이 되는 것부터 시작입니다. 내가 그들에게 뭔가를 이야기하기 전에 먼저 그런 삶을 살면 되는 거죠. 그리고 관심을 가지고 들어주면 됩니다. 질문을 통해 스스로 답을 찾아낼 수 있도록 도와주는 페이스메이커가 되면 좋겠어요. 주인공은 그들이니까요.

Q30
삶에서 가장 중요하다고 생각하는 것은 무엇인가요?

A 질문 감사해요. 삶에서 가장 중요한 것은 '나를 알아가는 과정'이라고 생각해요. 완벽하지 않기에 실수할 수도 있다는 것을 인정하는 거죠. 코칭을 하면서 많은 분들과 일대일로 이야기를 나눌 기회가 생겼는데요. 완벽성 때문에 스스로를 힘들게 하고 자신을 사랑하지 않는 분들이 있더라구요. 노력한 과정을 칭찬해주는 어른이 되었으면 좋겠어요. 실패한 것에 대해서는 같은 실수를 반복하지 않기 위해 해야 할 일을 개선하면 되죠. 저도 매일 최서연의 민낯을 만나요. 바보 같은 실수, 분위기 파악하지 못하고 내뱉은 말, 말과 다른 행동을 하는 저를 보면 숨고 싶어요. 그럼 어때요? 우린 매일 성장하는 사람이잖아요. 성공과 실패는 같은 말이라고 생각해요. 나에 대해 알기 위해서는 한계까지 가봐야 드러나는 모습들이 있잖아요. 그토록 애썼던 자신을 칭찬하는 어른이 되었으면 해요. 저도 그럴게요.

마치는 글

초고를 끝내놓고도 6개월 넘게 퇴고 작업을 할 수가 없었어요. 두려움이란 놈에게 휘둘렸어요. 1인 기업 책쓰기를 결정했을 때는 자신만만했어요.

책을 쓰면서도 강의와 컨설팅은 계속했는데요. 하면 할수록 부족한 나 자신을 만나면서 '과연 내가 알고 있는 것이 맞을까?', '더 좋은 방법이 있지 않을까?', '나 같은 사람이 이런 이야기를 해도 될까?' 걱정을 했죠.

결국 수강생들과 코칭을 하면서 했던 말을 저에게 적용하기로 했어요.

"가면서 힘을 모은다."

라이언 홀리데이의 책 《돌파력》에 나오는 구절이에요. 지금 상태에서 책 먹는 여자가 가진 최고의 것으로 다시 글을 써내려갔어요. 시간이 지나 새롭게 알게 된 것이나 보완이 필요한 내용은 블로그나 유튜브를 통해 이야기 나누려고 해요.

책 어떻게 보셨나요? 궁금해요. 공감되는 부분도 있고 아닌 곳도 있겠죠? 그래도 딱 하나 정도는 도움 될 구절이 있죠? 그렇죠? SNS를 통해 여러분의 이야기를 들려주세요. 기다리고 있을게요.

월 150만 원 받던 이십대의 저는 주급 300만 원을 창출하는 1인 기업이 됐어요. 다음 목표는 주급 500만 원입니다. 그때까지 전력을 다할 거예요. 제 성장뿐만 아니라, 도움이 필요한 분과도 함께 할 거고요. 누구나 자신의 재능과 경험으로 타인을 돕고 돈을 벌 수 있습니다. 한계는 본인 스스로 짓는 거더라고요. 저와 함께 장애물을 넘어보시겠어요? 책을 읽으며 도전해보고 싶은 분야가 생겼나요? 고쳐야 할 습관을 찾았나요? 그럼 체크리스트를 만들고 딱 100일만 해보세요.

"품성이란 처음에 결심을 했을 때의 열정이 식은 후에도 끝까지 해내는 능력"이라고 브라이언 트레이시가 말했습니다. 드디어 품성을 실험할 기회입니다. 저는 당신을 믿어요.

저도 매일 넘어지고 실수하고 울고 다시 일어나서 해야 할 일을 합니다. 혼자였으면 못할 일이에요. 책 먹는 여자 커뮤니티 BBM 식구들 고마워요. 씨실과 날실이 엮여 천이 되어가듯 우리의 인연도 점 하나씩 찍었을 뿐인데 차원이 다른 사이가 되었네요.

책 먹는 여자가 미처 가보지 못한 어느 장소에서 이 책을 읽을 당신을 떠올리며 키보드를 두드렸어요. 자음과 모음을 순서대로 두드리니 글자가 되고, 문장은 책이 되었습니다. 우리의 삶도 이렇겠죠? 오늘 걷는 걸음 하나가 무의미해 보이지만 그 발자국은 당신의 꿈을 향해 가고 있을 거예요. 할 수 없다는 말 대신 어떻게 하면 할 수 있을까라고 질문하는 당신이 멋져요. 피곤해서 짜증난다고 말하지 않고 스스로 칭찬해주고 힘내는 당신을 존경해요.

One Book One Message One action 기억나세요? 이 책에서 뽑은 구절 3개는 무엇인가요? 그 중에서 오늘 실천해볼 것은 뭐죠? 당신의 빛나는 아이디어가 세상을 밝히는 길은 행동뿐이에요. 책을 통해 행동 에너지 충전하셨다면 담쟁이넝쿨처럼 손에 손잡고 벽을 넘어 세상으로 나가볼까요?

"나 최서연의 사명은 최고의 자신을 찾는 사람들에게 BBM (book, binder, mindmap) 코칭을 통해 풍요로운 성장을 돕는 것이다."

2021년 3월 봄비 내리는 아침

책먹는여자